墨香财经学术文库

U0656620

创业者人格特质、商业模式创新与新创企业成长

Research on the Entrepreneur Personality Traits ,Business Model
Innovation and the Growth of New Ventures

李扬　著

东北财经大学出版社
Dongbei University of Finance & Economics Press
大连

图书在版编目（CIP）数据

创业者人格特质、商业模式创新与新创企业成长 / 李扬著．—大连：东北财经
大学出版社，2024.5
（墨香财经学术文库）
ISBN 978-7-5654-5174-4

Ⅰ.创…　Ⅱ.李…　Ⅲ.创业-研究　Ⅳ.F241.4

中国国家版本馆CIP数据核字〔2024〕第057773号

东北财经大学出版社出版发行

　大连市黑石礁尖山街217号　邮政编码　116025
　网　　　址：http://www.dufep.cn
　读者信箱：dufep@dufe.edu.cn
大连图腾彩色印刷有限公司印刷

幅面尺寸：170mm×240mm　字数：183千字　印张：12.5　插页：1
2024年5月第1版　　　　　2024年5月第1次印刷
责任编辑：时　博　赵　楠　责任校对：贺　力
封面设计：原　皓　　　　　版式设计：原　皓
定价：69.00元

前言

　　本书通过对数字革命、新冠肺炎疫情和国际局势动荡影响下企业的观察，发现新创企业具有顺应数字经济潮流、克服由营商环境动荡带来的生存危机的潜力，在保经济、促就业、谋发展等方面发挥了重要作用，促进了我国经济的持续性增长。尽管与成熟企业相比，新创企业存在"新生弱势""小而弱性"等诸多问题，但新创企业在复杂多变的竞争环境中能够通过提出新颖的价值主张，不断更新价值创造和获取方式实现弯道超车和逆势增长，体现出顽强的生命力。商业模式创新已然成为新创企业塑造企业竞争优势、取得成功的重要驱动力，然而在理论界对于新创企业商业模式创新的研究仍处于起步阶段。同时，对于新创企业而言，创业者有着"一锤定音"的决定性作用，被认为是企业成功的重要因素。这使得人们开始关注成功的创业者是否具有某种鲜明的特质，影响着企业的发展。实际上创业者特质对于企业战略决策的制定、关键资源的获取、创新机会的利用、核心团队的组建都有着决定性的作用。已有研究从创业者大五人格、自我效能、成就需求等心理特征探究创业者对于企业的作用，但研究尚缺乏一致性的结论。因此，有必要对创业者的人格特质进行深入探讨，并在此基础上探讨商业模式创新与新创企业成长的关系。

基于此，本书依据高阶理论、企业成长理论、熊彼特创新理论，遵循"特质—行为—结果"的研究逻辑，在系统地对相关理论进行梳理之后，构建了"创业者人格特质—商业模式创新—新创企业成长"的理论模型，具体考察了创业者创造力、成就需求以及风险承担性这3 种不同的人格特质对新创企业成长的直接作用、商业模式创新在不同创业者人格特质与新创企业成长之间的中介作用、共享愿景在创业者人格特质与商业模式创新关系之间的调节作用。本书具体开展了3 个方面的工作：第一，依据高阶理论的研究框架，探索创业者人格特质对新创企业成长的作用效果。在对创业者人格特质、新创企业成长相关研究系统梳理的基础上，使用多案例研究进一步探索新创企业创业者人格特质与新创企业成长之间的关系，之后通过对大样本数据进行实证研究，检验创业者人格特质与新创企业成长间的关系。第二，基于企业成长理论和熊彼特创新理论，探索商业模式创新在创业者人格特质与新创企业成长之间的作用机制。本书借鉴创业者人格特质在行动理论视角下的作用逻辑，遵循"特征—行动—结果"的研究思路，用大样本数据验证商业模式创新、创业者人格特质与新创企业成长之间的作用关系。第三，探寻创业者人格特质与商业模式创新之间作用的边界。商业模式创新的复杂性需要组织成员的共同参与和支持，共享愿景作为一种群体性认知和一种组织文化的前因，能够影响组织成员的行为，强化创业者特征对企业创业活动的影响。因此将共享愿景纳入研究模型之中，揭示共享愿景在创业者人格特质对商业模式创新作用过程中的调节效应。

本书基于上述研究过程得出以下研究结论：第一，不同创业者人格特质对新创企业成长作用不同。其中，创业者创造力、成就需求对新创企业成长具有显著的促进作用，创业者风险承担性与新创企业成长呈倒 U 形关系。第二，商业模式创新及其子维度对新创企业成长具有显著促进作用。商业模式创新作为一个整体对新创企业成长的影响比商业模式创新单个子维度的影响更强。第三，创业者创造力、成就需求特质对商业模式创新及其子维度均具有正向影响，但创业者风险承担性对商业模式在获取创新维度上的影响并不显著。第四，商业模式创新在创业者创造力、成就需求特质与新创企业成长之间具有中介作用。第五，共享愿景对创业者创造力、成就需求与商业模式创新的关系具有正向调节作用，但对风险承担性与商业模式创新之间的关系作用不显著。

与先前研究相比，本书的创新之处如下：

第一，识别了影响创业活动的3个关键性创业者特质，并实证检验不同特质对新创企业成长的差异化作用。系统梳理了现有关于创业者人格特质的文献，结合新创企业的特征，识别了与之相匹配的3个典型创业者特质，即创造力、成就需求以及风险承担性。通过大规模问卷调查，实证检验了这3个具有代表性的创业者特质对新创企业成长的影响。结论证实了创业者不同人格特质与新创企业产出之间的内在关系，进一步细化了创业者不同特质对新创企业的差异化作用，弥补了现有研究对新创企业创业者特质研究的不足，减少了人格特质对企业产出作用结果的模糊性。

第二，探索性地将商业模式创新引入创业者特质研究框架之中，分析创业者特质对商业模式创新的影响，并从商业模式创新视角解释创业者人格特质对新创企业成长的作用路径。借助熊彼特创新理论从商业模式创新这一视角探索人格特质对新创企业成长的作用路径，丰富了商业模式创新理论的前因和结果。相关研究结论有助于进一步解释创业者人格特质与新创企业产出的内在关系，在一定程度上解决了目前存在的相关争论。

第三，分析了组织共享愿景的情境化作用，实证检验了共享愿景在创业者人格特质与商业模式创新关系之间的调节效应。探讨了共享愿景这一情境因素的作用，发现共享愿景作为组织所有成员对企业未来发展所形成的共同的、自发性的愿望能够减少组织成员之间沟通上的分歧，增加组织凝聚力，激励组织成员发挥其人力资本的优势，有助于具有创造力、成就需求等特征的创业者更好实现商业模式创新。较好地弥补了已有关于创业者特质研究对情境化因素分析的不足，揭示了不同人格特质创业者与组织共享愿景的交互作用对企业商业模式创新的影响，丰富了人格特质对企业作用的情境化特征。

作　者
2024年1月

目录

1 导论

1.1 研究背景与意义

1.1.1 研究背景

双创政策的支持下我国创业潮达到空前高度，新创企业成为我国经济发展的重要引擎。但新创企业却面临着存续期短、成长性差的问题，尤其是在市场环境日益复杂，行业竞争愈发激烈的环境下，新创企业如何克服生存问题并突破成长瓶颈是近年来被广泛讨论的热点话题。企业创新尤其是颠覆式的商业模式创新，能够为新创企业实现高速成长提供可能性。尤其是数字技术的出现使得以 BAT 为首的互联网企业获得了指数级的增长，新创企业利用新的数字技术创造了一个又一个颠覆式的商业模式创新。同时，创业者作为"最宝贵"也是"最稀缺"的资源，在创新创业中所表现的独到见解和独特眼光对经济的增长起到了至关重要的作用。

1）不确定且复杂的市场环境给新创企业生存和成长带来巨大挑战

数字技术浪潮、国际局势动荡以及突发公共卫生事件的发生使世界经济增长速度放缓。世界银行的《全球经济展望》显示，全球经济的增速从 2021 年的 5.7% 下降到 2022 年的 2.9%。外部环境的不确定性因素明显增多，使得企业生存环境呈现不确定性、不可知和难预测的特征。另外，有关资料对我国新创企业存续时间进行统计，结果显示 6 成以上的企业生存期不足 5 年，3～7 年是新创企业退出市场的高发期。新的生存环境使得本就具有"初创弱性"的新创企业变得"更加脆弱"，在瞬息万变的创业环境中如同在水中浮游毫无抓力。处于大动荡经济背景下的新创企业，正面临着更加严峻的生存考验。市场需求萎缩、行业竞争加剧以及现金流断裂使得大量的创业企业不得不以关门歇业告终。美联储持续性加息和俄乌冲突引发企业运营成本上升，市场对经济的负面情绪使得新创企业的融资水平大不如从前。在这样的环境下，新创企业的成长性明显不足。新创企业作为我国经济发展最具活力的群体，是经济社会发展的重要支柱。有研究指出，新创企业为我国贡献 50% 以上税收、60% 以上 GDP、70% 以上技术创新，提供了 80% 以上城镇劳动就业岗位。截至 2022 年末，我国新创中小微企业数量超过 5 000 万户，吸纳就业人数超 4 亿人。作为我国经济发展的重要支柱，新创企业的发展决定了我国经济发展的质量，因此新创企业的成长问题应该引起广泛关注。新创企业如何克服新生弱性，突破成长瓶颈，实现盈利等问题都亟待被解决。

2）商业模式创新是促进新创企业成长的重要手段

面对日益激烈的竞争和急剧动荡的市场环境，一些新创企业巧妙借助数字技术度过了生存危机，甚至实现了高速增长。其以全新的产业形态实现了颠覆式的创新，在线教育、互联网医疗、线上办公、无人经济、共享经济，这些以数字技术为依托的新业态促进了经济的蓬勃发展。无论是做"互联网手机"的小米公司，还是以"社交电商"模式实现后发赶超的拼多多，还是以"新零售"直接参与零售行业激烈竞争的盒马鲜生，都在以云计算、大数据和物联网为代表的新兴数字技术的影响下，用全新的商业模式颠覆着传统行业，实现了成长。显然，商业模式创新正在成为新创企业塑造竞争优势的重要来源。数字技术的极速普及为企业带来了更多的机会，产生了丰富的新型商业模式。麦肯锡的行业研究报告指出，全球262家"独角兽"企业中有34%来自中国，其凭借数字商业模式创新快速且大规模地抢占了互联网市场，改写着国际数字化竞争的格局（Li等，2021）。这说明对于新创企业而言，商业模式创新在利用数字技术提供的机会以促进企业发展的过程中起到重要作用。商业模式创新不仅能够帮助新创企业克服"新而弱"的劣势，更可能使其实现飞速成长。商业界不断强调新创企业进行商业模式创新对于塑造和维持其竞争力的重要作用。从这个角度来看，商业模式创新能够帮助新创企业实现创新成本和收益之间的平衡，使它们能够创造、交付和捕获新的价值。

3）创业者成为新创企业获得成功的关键

CCL（Center for Creative Leadership）发布的调查报告显示，94%的企业成员表示企业的绩效水平受限于领导力不足。德鲁克曾说过，领导者对企业的成败至关重要，尤其是处在大动荡的时代背景和大变革的经济态势下的新创企业。"创业本质上是一场修行，得有值得持之以恒去追求的目标"，这是北京格灵深瞳创始人兼CEO赵勇常说的一句话。疫情期间，赵勇领导创业团队在第一时间响应政府紧急征召，凝聚智能应用进行科技抗疫。北京格灵深瞳在疫情期间不断创造社会价值的同时，突破了新创企业的先天劣势，实现了绩效的稳步提升。又如北京慧影医疗科技有限公司创始人兼CEO柴象飞，及时带领创业团队针对疫情推出"影像+AI"的高效精准解决方案，大幅度提高疫情排查的效率，保障前线防疫抗疫工作有序进行。柴象飞秉持着解决民生问题的使命感，用"AI+医疗"的模式为社会创造价值的同时，也避免了新创企业的停工危机。从这些成功的案例中可以看出，创业者对企业发展方向的准确把握、对企业商业模式的及时调整以及创业者和创业团队的高效互动是新创企业永葆生机之源。企业家的个人特质和能力决定着企业的存亡和成败。尤其对于新创企业而言，其组织结构不完善以及规模较小的现状使得创业者在企业中的作用更为突出。因此，探索创业者的个人特质对于新创企业成长的作用有着重要的意义。

1.1.2 研究意义

本书对有关问题的推进具有一定的理论意义和实践意义。不确定、复杂且多变的企业营商环境下创业者特质、商业模式创新对新创企业成长的重要影响已经凸显，现有研究却相对滞后，有必要对这一现象进行深度挖掘，寻找作用路径和合适的管理理论以丰富现有研究。本书通过探析新创企业中创业者人格特质对企业成长的影响这一现象的深入调查和思考，结合企业成长理论、高阶理论、熊彼特创新理论，对创业者人格特质、商业模式创新、共享愿景、新创企业成长的概念进行界定，构建理论模型探索变量间的作用关系，利用问卷调查法搜集数据并进行实证检验，为新企业创业者发挥自身特质、通过商业模式创新实现创业者特质转化、提升企业成长可能性提供参考和借鉴。

1）理论意义

第一，基于高阶理论的研究框架，本书以新创企业为研究对象，探讨了创业者人格特质对新创企业成长的作用，丰富并拓展了创业者人格特质的相关研究结论。新创企业的创业者具有"一锤定音"的决定性作用，尤其是在不确定、复杂且多变的环境下，企业对创业者的依赖度更加强烈，这使得创业者与新创企业的创业产出有着更强的相关性。在新时代背景下，创业者需要有比以前更敏锐的洞察力、更大的风险承受力以及更强的韧性去面对新时代给新创企业带来的挑战。因此，新时代下创业者的创造力、成就需求与风险承担性等人格特质对新创企业的成长有着更重要的意义。但目前仅有少量有相关文献从新创企业视角考察创业者人格特质的作用，且作用结果不统一。显然结合环境背景以及新创企业的特征，探寻新创企业成长相关人格特质与企业产出间的关系，更有利于解释创业者对于克服企业生存和成长瓶颈的作用。因此，本书结合新时代背景下新创企业的新特点，归纳新创企业在不确定条件下面临的实际问题，识别影响新创企业成长的重要创业者人格特质，重点关注创业者创造力、成就需求与风险承担性3种特质，并探讨这3种人格特质在新创企业成长的过程中的作用，有利于弥补新时代背景下对新创企业创业者人格特质关注不足的缺点，丰富创业者特质的相关研究。

第二，基于企业成长理论和熊彼特创新理论，本书分析了商业模式创新在创业者人格特质与新创企业成长之间的中介作用，丰富了商业模式创新的前因，同时拓展了企业成长理论。商业模式创新被认为是新创企业突破路径约束、实现跨界颠覆和后发赶超的重要手段。尽管已有研究开始关注创业者对商业模式创新的影响，但缺乏对创业者人格特质的研究，基于创业者个体心理特征这一微观视角下的商业模式创新研究尚未引起学者们的重视。这在一定程度上限制了理论界对于如何诱导创业者进行商业模式创新的认识。本书从个体人格特质的视角出发，探索了创业者创造力、成就需求以及风险承担性对商业模式创新的影响机制，丰富了对新创企业商业模式创新前因的探索，完善了新创企业商业模式创新的体系构建。借鉴创业者人格特质在行动理论视角下的作用逻辑，遵循"特征—行动—结果"这一研究范式，探寻了商业模式创新在创业者人格特质与新创企业成长间的中介作用。进一步对商业模式创新的中介作用进行实证分析，验证了创业者人格特质（特征）、商业模式创新（行为）与新创企业成长（结果）之间的逻辑关系。响应了学者们对于积极探索商业模式创新驱动因素及结果的呼吁（Clauss，2021）。新创企业的创业者面临的真正挑战不是如何设计新的商业模式，而是如何借助新的商业模式塑造有助于新创企业成长的竞争优势，并促进新创企业的成长（Foss和Saebi，2018）。因此，以新创企业创业者人格特质为起点，探讨其对商业模式创新的影响进而促进新创企业成长，有助于揭示新创企业创业者如何利用商业模式创新促进新创企业成长的作用机制。

第三，本书探讨了组织内共享愿景的调节作用，解释了创业者人格特质通过商业模式创新影响新创企业成长的边界条件。共享愿景作为一种群体性认知和一种组织文化的前因，对于创业者进行组织决策制定和决策执行有着重要作用。本书将共享愿景引入创业者人格特质对新创企业成长过程作用机制的模型之中，研究了共享愿景在创业者人格特质与商业模式创新之间的调节作用，可以为探索创业者人格特质对新创企业成长影响机制提供崭新的视角。

2）实践意义

第一，本书有助于新创企业创业者在不确定且复杂的环境下充分利用自身特质，以有力举措实现企业的成长。新创企业由于规模小、组织层级少，其领导者对企业发展起着更加重要的作用，尤其在动荡的外部环境下，企业的命运完全掌握在企业所有者的手中。因此，从创业者角度探寻新创企业成长的动因，对于指导现实中新创企业的发展有着重要的意义。新创企业在不确定且复杂环境下实现成长的原因，很大程度在于其能够对外部环境的变化做出适当的反应，这一过程离不开创业者在其中发挥的重要作用。创业者决定着企业战略的方向、资源的获取与配置、机会的识别与利用，创业者的决策、管理、创新等活动本质上都是基于创业者人格特质对外部环境的感知和反应。基于此，本书结合新创企业的特点，将创业者人格特质分为创造力、成就需求和风险承担性这3个维度，并探讨了这3个维度的人格特质对企业成长的不同作用，对于创业者充分利用自身特质，提升机会识别水平、战略决策制定有效性以及创新活动的成功率以促进新创企业成长，有针对性地选取创业合作伙伴和组建创业团队有着重要的指导意义。

第二，本书有助于引导新创企业的创业者重视并利用商业模式创新，发挥商业模式创新在创业者人格特征与新创企业成长之间的桥梁作用。新创企业具有"新生弱性"，资源的短缺和能力的薄弱，使得其缺乏与在位企业抗衡的竞争优势。然而新创企业由于没有形成完善的组织规范，使得其能够针对外部环境变化及时做出调整，有着更好的灵活性，能够通过不断更新企业的价值主张，迭代价值创造方式，提出新颖的营收模型，实现对成长契机的把握，使企业完成从小团队到"独角兽"的飞跃。但新创企业对于外部环境感知力不足，无法洞察新兴技术，甚至没有意愿且不知道如何将外部新趋势与企业经营相结合。因此，本书基于这一问题将商业模式创新分为价值主张、价值创造和价值获取3个维度，从促进和阻碍商业模式创新的因素出发，探寻不同人格特质对商业模式创新各个维度的影响机制，对于帮助创业者了解如何发挥个人特质，克服商业模式创新阻碍，专注于商业模式创新驱动要素，通过成功创新商业模式实现企业成长有着一定的指导意义。

第三，本书有利于企业关注组织内共享愿景的建设，以强化商业模式创新决策的制定和执行效率。创业者能够通过工作要求对企业创业活动进行部署，但组织工作的效率、组织内的氛围和环境却是一个被潜移默化影响的过程，创业者在组织中常常面临个人最初建立或提出的愿景和目标由于组织在对目标实施过程中的理解偏差，而使目标或愿景不能有效地被实现的问题。本书的结论表明，建构共享愿景能够促进组织成员对于创业者提出愿景和目标的理解，从而能够强化创业者人格特质对企业商业模式创新所产生的影响。因此，新创企业应该注意企业内部共享愿景的构建，强化创业者人格特质对新创企业成长作用的效率和效果。本书探究了商业模式创新的不同维度对新创企业成长的影响，为新创企业明晰如何进行商业模式创新才能提高新创企业绩效提供决策参考。

1.2　主要研究内容

1.2.1　研究问题

基于对以上实践背景和理论背景的讨论可以发现，新创企业的成长问题值得进行深入研究，以提升新创企业的存活率，进一步释放其在我国经济发展中的重要作用。虽然已有研究证实了创业者特质对于企业产出的作用，但作用结果仍旧没有得到统一，且对于新创企业成长的作用更是缺乏广泛关注。因此，有必要结合新创企业的特点及其生存条件，关注关键特质与新创企业之间的作用关系，解释为什么在相同的条件下有的企业能够实现成长有的却走向失败。此外，通过对新时代下新创企业的分析可以发现，有些新创企业不仅克服了新进入缺陷，甚至超越了在位企业取得了相对的竞争优势。其共同之处在于进行了商业模式创新，而企业创新的主要驱动力是创业者，因此可以推断，促进新创企业的成长需要创业者通过积极开展不同类型的商业模式创新实现企业价值的不断重塑，以获取竞争优势和持续性成长。商业模式创新是一个系统性的活动，涉及对外部机会的利用以对组织各个环节实施变革，这需要对外部机会的敏锐洞察以及突破思维惯性才能够实现。企业能否进行商业模式创新，进行何种类型的商业模式创新在一定程度上受到创业者人格特质的影响。基于此，本书探讨创业者人格特质如何通过商业模式创新影响新创企业成长，从人格特质视角对新创企业成长路径进行深入探索。具体来说本书主要讨论 3 个研究问题：

第一，新时代背景下创业者人格特质对新创企业成长是否有影响？尽管以往的研究通过元分析对创业者人格特质与企业产出的直接作用予以论证，但现有研究对人格特质的作用结果还没有达成统一。一方面是人格特质的维度划分不清晰，另一方面对研究对象和研究情境缺乏明确的界定。因此，本书以新时代下的新创企业为研究对象，结合新创企业的特点，重点关注有助于新创企业成长的人格特质，并通过实证研究检验创业者人格特质与新创企业成长之间的关系。

第二，创业者人格特质如何影响新创企业成长？作用路径是什么？已有研究支持了创业者人格特质对企业创新的推动作用，以及商业模式创新对企业绩效的积极影响。但创业者人格特质能否影响企业商业模式创新活动，并通过在企业内成功实现商业模式创新，推动新创企业克服新进入劣势并实现成长，这一问题还有待从理论和实证角度进一步进行论证。商业模式创新是企业把握机会，实现技术商业化，将新颖创意转化为企业价值，帮助企业获取利润的关键，被认为是新创企业克服"新生弱性"，在不确定环境下实现成长的重要手段（张秀娥，2017；Amit 和 Xu，2017）。那么，创业者作为商业模式创新这一企业活动的主要发起者，其人格特质对商业模式创新（决策的制定与实施）是否具有影响？商业模式创新是否能够促进新创企业成长？商业模式创新是否在创业者人格特质与新创企业成长之间起中介作用？这些问题值得被分析和验证。

第三，创业者人格特质对商业模式创新的作用过程中是否存在边界条件？创业者人格特质能够影响企业战略决策却无法限制组织内其他成员的行动，同时商业模式创新活动的开展需要组织内的成员的协作和支持。尤其是在新创企业成立伊始，企业制度不完善，组织架构不清晰，使得组织在进行协作时容易产生巨大分歧（Blatt，2009）。共享愿景代表组织成员对组织目标有着共同理解和集体愿望，是组织文化的重要构成前提，被认为可以有效促进组织内的沟通与协作，那么共享愿景是否能够作为创业者人格特质对商业模式创新作用过程的边界条件？

1.2.2　研究内容

针对以上提出的几个研究问题，本书以新时代背景下的新创企业为研究对象，探寻创业者人格特质对新创企业成长的作用机理。本书结合高阶理论、企业成长理论、熊彼特创新理论，遵循"特质—行为—结果"的研究逻辑，在系统对相关理论进行梳理和对已有文献进行总结后，构建了以共享愿景为调节变量的"创业者人格特质—商业模式创新—新创企业成长"的研究模型，具体考察了创业者创造力、成就需求以及风险承担性这3种不同的人格特质与新创企业成长的关系，商业模式创新及其3个价值维度（价值主张创新、价值创造创新和价值获取创新）对新创企业成长的影响，以及商业模式创新在不同创业者人格特质与新创企业成长之间的中介作用和共享愿景对创业者人格特质与商业模式创新关系的调节作用。具体而言，本书研究内容如下：

第一，依据高阶理论的研究框架，探索创业者人格特质对新创企业成长的作用效果。首先，本书结合新创企业的成长环境以及新创企业的特点，通过对已有人格特质研究的总结，重点关注创造力、成就需求和风险承担性这3个能够影响新创企业在不确定环境下成长的重要的人格特质，分别代表了创业者的创新性、冒险性和韧性。在高阶理论的框架下验证新环境下的创业者人格特质对新创企业成长的作用机理。

第二，基于企业成长理论和熊彼特创新理论，探索商业模式创新在创业者人格特质与新创企业成长之间的作用机制。已有大量研究探索了商业模式创新对企业产出的作用，而创业者作为企业创新决策制定和实施的关键人物，其人格特质对于商业模式创新活动也存在一定的影响。本书借鉴创业者人格特质在行动理论视角下的作用逻辑，遵循"特征—行动—结果"的理论研究思路，探寻商业模式创新在创业者人格特质与新创企业成长间的中介作用。用大样本数据对商业模式创新的中介作用进行实证分析，探索创业者人格特质（特征）、企业商业模式创新（行为）与新创企业成长（结果）之间的作用关系。

第三，探寻创业者人格特质与商业模式创新之间作用的边界。商业模式创新是新创企业核心竞争优势的关键来源，如何突破创新阻碍、获取创新所需资源、实现创新机会到企业价值的转化是组织进行商业模式创新的关键。商业模式创新涉及组织内部资源的复杂调用和系统性的创新，需要整个组织的协作配合才能成功实现，组织内共享愿景作为一种群体性认知和一种组织文化的前因，能够增强创业者在组织决策制定和决策执行方面的作用。现有研究多从外部环境，如规制、外部竞争强度等因素探索创业者对企业行为作用的边界条件，但鲜有研究探索不同的团队情境下，人格特质对企业创新活动作用的差异性。因此，本书将共享愿景引入创业者人格特质对新创企业成长过程作用机制的模型之中，探寻其在这一过程中的边界作用。

本书的结构设置如下：

第1章主要阐述本书的现实和理论背景，结合研究背景提出本书的研究问题、所用研究方法和主要研究内容。之后对本书的理论和实践意义进行说明，最后通过技术路线图对本书的主要研究脉络进行阐释。

第2章介绍了与本书变量相关的理论基础包括企业成长理论、高阶理论以及熊彼特创新理论。在梳理相关理论之后，对本书的核心变量创业者创造力、创业者成就需求以及创业者风险承担性、商业模式创新、共享愿景与新创企业成长的相关研究进行了系统梳理与回顾，明确各变量可能存在的相关关系以及现有研究存在的不足，为解决本书的关键研究问题提供理论依据。

第3章介绍了本书案例研究所采用的方法以及案例的选取过程，通过对案例的梳理与分析从案例中提炼了本书的核心构念并对创业者创造力、创业者成就需求、创业者风险承担性、价值主张创新、价值创造创新、价值获取创新、共享愿景和新创企业成长的概念进行界定，然后在此基础上讨论各构念间的关系，最后构建本书的理论模型。

第4章在第3章理论模型构建的基础上从理论角度深入剖析创业者创造力、创业者成就需求以及创业者风险承担性、商业模式创新、共享愿景与新创企业成长之间的关系，并提出了包括子假设在内的24条研究假设。

第5章介绍了本书实证研究主要采用的研究方法，之后按照调查问卷的设计原则，选取测量核心变量的量表，对量表题项进行本土化修改，形成本书的调查问卷。通过预调研和专家研讨的方式对问卷的题项进行进一步修正。最后使用修正后的问卷开展正式调研，并搜集了用于本书实证研究的数据。本章还使用了SPSS26.0和AMOS24.0对数据进行初步统计分析，并进行信效度检验保证问卷的有效性，为后文实证研究做好保障。

第6章使用搜集到的230份有效问卷的数据对本书提出的24条假设进行实证检验。使用SPSS26.0对数据进行了描述性统计分析和相关性分析，确保相关系数和样本的均值和标准差在合理的范围之内，并运用多元线性回归分析和拔靴法（Bootstrap）对本书提出的24条假设进行逐一检验，实证研究结果表明有22条假设通过，2条未通过。随后结合假设检验的结果进行了讨论和分析。

第7章对本书的研究结论进行总结，并基于现有研究的理论不足提出本书的理论贡献和创新点，同时提出本书对于管理实践的指导意义。在本章的最后分析了本书的不足并提出对未来研究的展望。

1.2.3 研究方法

本书运用定性和定量研究相结合的方法，探讨创业者人格特质（创造力、成就需求、风险承担性）、商业模式创新、共享愿景与新创企业成长之间的作用关系。主要通过文献分析法、案例研究法和问卷调查法，深入探索并验证构念间的关系。主要研究方法及运用见表1-1。

表1-1 　　　　　　　　　　　**主要研究方法及运用**

主要研究方法	研究方法的运用
文献研究法	对本书涉及的理论基础和核心变量的相关研究进行系统性的回顾和梳理，探寻现有研究的最新进展以及研究中存在的不足，为理论模型的构建和理论假设提出提供基础
案例研究法	通过探索性多案例研究以4家有代表性的企业为研究对象，通过案例对构念进行凝练与界定，探索各变量之间的内在关系并建构理论模型
问卷调查法	采用国外成熟量表设计调查问卷，通过调查问卷获取相关数据，并对数据进行处理和分析，对本书提出的理论假设进行验证

文献分析法。本书以 Web of Science、Scopus 以及中国知网为文献搜索平台，以代表性学术著作为检索对象，系统梳理了高阶理论、企业成长理论、熊彼特创新理论以及 6 个核心变量——创业者创造力、创业者成就需求以及创业者风险承担性、商业模式创新、共享愿景与新创企业成长的相关研究，对已有研究的发展脉络进行评述，以明确本书的理论价值和现实意义，并为理论模型构建和理论假设的提出提供基础性支撑。

案例研究法。本书通过探索性多案例研究的方法，将理论基础与创业活动实践相结合，构建本书的理论模型。选取 4 个典型案例，通过对访谈资料梳理和反复对比分析提炼出本书的核心构念，并通过将案例资料与理论分析进行对照，进一步挖掘构念之间的内在关系，以建构本书的理论模型。

问卷调查法。本书采用问卷调查法对前文构建的理论模型和理论假设进行验证。首先对调查问卷进行设计，在选择合适的成熟量表的基础上对各变量量表进行整理，结合专家和企业家的建议，结合预调研的情况，形成本书的调查问卷。采用两阶段搜集数据的方法，以实地调研、邮件和问卷星为主要发放方式，获取本书的数据资料。使用 SPSS26.0 和 AMOS24.0 软件，对数据进行信度和效度检验、描述性统计分析、相关性分析，进一步利用大样本数据采用多元线性回归分析和拔靴法（Bootstrap）对本书所提假设进行验证。

2 理论基础与文献综述

本章详细梳理了相关理论基础，主要涉及高阶理论、熊彼特创新理论以及企业成长理论，并对核心变量即创业者人格特质、商业模式创新、共享愿景和新创企业成长的已有文献进行系统回顾和梳理，为后文案例研究的开展、理论模型的构建以及理论假设的提出等方面提供了扎实的理论文献支持。

2.1 理论基础

2.1.1 高阶理论

1）高阶理论内涵

高阶理论（upper echelons theory，UET）是 Hambrick 和 Mason 在 20世纪 80 年代提出的一种企业战略决策理论框架。他们起初基于商业期刊对于高层管理人员人口统计学变量的特殊关注，提出了高层管理人员人口统计学特征与组织绩效相关的理论观点，而后又在 2007 年的研究中对最初的"人口统计学特征和企业绩效关系"的理论基础进行了扩展，认为如果想了解组织行为背后的逻辑，那么必须考虑企业最具影响力的参与者——企业高层管理人员的价值观和个性等特征，因为高管的价值观和个性会极大影响他们对环境的解读，进而影响他们的战略选择。企业的战略选择和绩效水平可以被视为组织中高管价值观和认知基础的反映，高管的人口特征可以被视为高管认知、价值观、技能和知识的有效代理变量。

考虑到高层管理人员的心理特征难以测量，高管的人口统计学特征被当作高管认知框架的有效代理。多数研究采用高管的人口统计学特征，如年龄、职能背景、所处行业和企业任期、教育背景和组织内从属关系等信息来对企业战略进行解释并预测企业可能的战略行动。Hambrick 和 Mason 设计了一些关于上述特征与战略管理之间假定关系的概念命题。例如，年轻高管比老高管更注重风险；受过良好教育的高管团队更注重产品创新。Wiersema（1992）考察了高管团队的人口结构与企业战略变化之间的关系。Boeker（1997）发现高管团队任期多样性与更高水平的战略变革有关。高管人口统计学特征（个体特征或团队异质性）的研究多集中在 2003 年以前，被证明与企业战略变革和绩效高度相关（Boeker，1997；Eisenhardt 和 Schoonhoven，1990）。这些研究规避了心理特征数据不易获得的弊端，一定程度上推动了高阶理论的发展。但这一方法的问题是人口统计指标的使用使研究者缺乏对驱动高管行为背后的真实心理和社会过程的深入探索，这是众所周知的"黑匣子问题"。由于心理学工具如五因素模型——大五人格（Barrick 和 Mount，1993）和迈尔斯布里格个性类型测试（MBTI）的广泛运用，研究人员对高层管理人员的心理特征以及决策背后的深层机理有了进一步探究，至此 Hambrick 和 Mason（1984）的高阶理论模型开始通过心理学特征被进一步论证，而不仅仅使用人口统计特征作为代理变量进行研究。这在一定程度上打消了部分学者最初对心理特征等的测量问题的怀疑态度（Davis-Blake 和 Pfeffer，1989）。不同时期高阶理论相关研究的主要内容及结论见表 2-1。

表2-1   高阶理论研究历程

时期	主要研究问题	研究内容	研究方法	代表人物	研究成果
1984	高管重要性	高管可观测特征和企业战略、绩效之间的关系	理论研究	Hambrick, Mason	开发UET模型
1985 至 2004	哪些可观测变量可以被纳入模型	增加了种族以及与国际化相关的变量	实证研究	Bantel, Cannella, Carpenter, Chen, Eisenhardt, Finkelstein	扩展并验证UET模型
1989 至 2015	高管对企业其他经营活动的影响	高管可观测变量的影响不局限于战略选择，还会影响企业的分工、联盟、资源配置等活动	实证研究、案例研究	Bertrand, Bigley, Datta, Hambrick, Hayward, Herrmann, Lawrence, Lubatkin, Shen, Vancil	发现高管对于创业过程的影响
1993 至 2015	环境对高管决策的影响	外部环境对高管特征与企业行为关系的调节作用；开始舍弃可观测特征，丰富变量的类型	实证研究	Barwise, Birley, Burke, Cannella, Carpenter, Crossland	研究高管在企业发生作用的边界；从新的变量角度去分析内在机理
2003 至 2020	个性和认知变量对高管决策的影响	高管心理特征对企业决策过程的影响	实证研究	Barrick, Blackford, Bradley, Burke, Chen, Colbert, Enders, Gerstner, Glick, Hambrick	转换成多层次的研究

2）主要内容

高阶理论认为企业高层管理人员的可观测特征和心理特征影响个体对企业内外部环境的解读，从而形成不同的企业决策并最终影响企业绩效。高层管理人员可观测特征包含年龄、性别、教育背景、任期等。心理特征包括人格特质、价值观和认知风格。高层管理人员的特征对形成内外部环境变化的个性化解释主要经历3个阶段。第一阶段，影响高层管理人员的视野，即他们看和听的方向影响高层管理人员对环境变化的感知；第二阶段，影响高层管理人员选择性感知，即他们实际看到和听到的事物；第三阶段，高层管理人员对环境的解释，即他们如何将意义附加到他们所看到和听到的事物。图2-1是高阶理论过程性描述示意图。基于高层管理人员的个人特征，通过3个阶段对外部信息的搜索、接受和理解，决定了他们的战略选择，为进一步企业绩效的不同作用结果提供可解释的原因。当企业面临内外部环境变化时，高层管理人员会基于个体显性特征（年龄、性别、教育、任期等因素影响）以及个体心理特征（包括认知风格、人格特质、价值观）对环境做出个性化解释，从而影响战略方向的选择，进一步影响组织绩效。

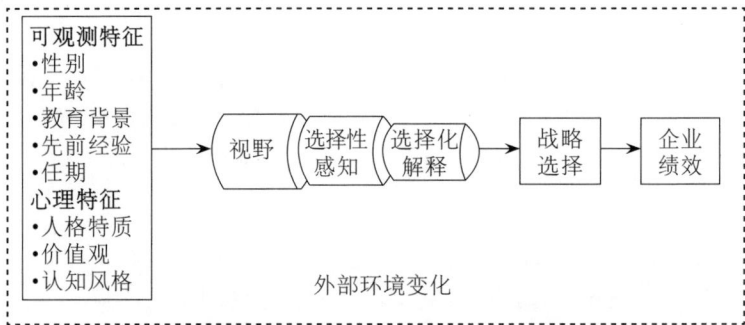

图2-1 高阶理论过程性描述示意图

资料来源：HAMBRICK D C，MASON P A.Upper echelons：The organization as a reflection of its top managers ［J］. The Academy of Management Review，1984，9（2）：193-206.

　　高阶理论的基本逻辑框架为"高管特征—战略选择—企业绩效"，如图2-2所示，高管的个人特征能够通过影响战略选择，最终影响企业绩效。一般来说心理特征变量比人口统计学变量具有更强的解释力。基于高阶理论的这一理论框架，有一部分学者重点关注了企业CEO的特征对企业战略决策以及企业绩效的影响，对Hambrick和Mason（1984）提出的模型进行进一步扩展。Liu等（2018）在模型中对CEO的特征进行了明确，将CEO特征分为背景特征、人格特征以及领导风格，并提出 CEO 特征可能通过影响其认知和情绪，进而影响高管团队的协作，对战略决策和战略的实施与企业绩效产生影响。此外，他们还将关键事件作为情境因素引入高阶理论的理论框架之中，认为关键或突发事件会强化 CEO 的特征对 CEO 情绪和认知的影响，进一步影响企业战略决策。

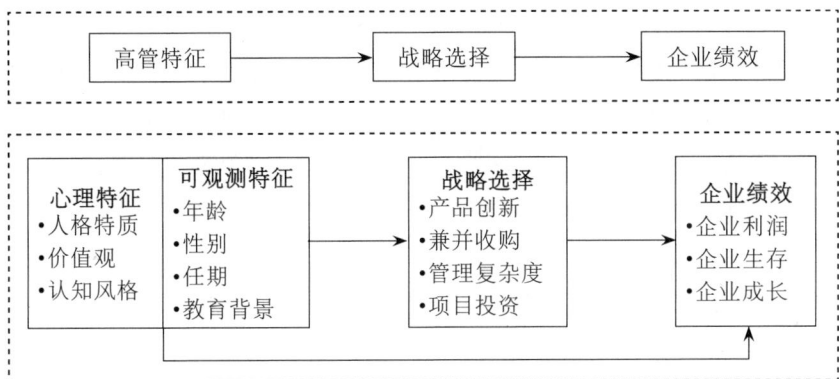

图2-2　高阶理论框架

资料来源：HAMBRICK D C，MASON P A.Upper echelons：The organization as a reflection of its top managers [J]．The Academy of Management Review，1984，9（2）：193-206.

基于高阶理论产生了大量实证研究，证明了高管的人口统计学特征与企业战略和绩效结果密切相关。Thong 和 Yap（1995）研究了首席执行官特征对小企业信息技术采用的影响，并得出结论，拥有更多 IT 知识的首席执行官更有可能利用 IT 技术。Lin 等（2011）发现，首席执行官的受教育水平、专业背景和政治关系与企业创新正相关。表2-2是关于高管特征（可观测特征和心理特征）与一系列组织战略或行为关系的描述。近年来，越来越多的学者关注高管或 CEO 的心理特征对企业的作用效果。这部分研究主要集中于高管的性格特征或心理认知，如过度自信、自恋、自负等的影响。钟熙等（2018）探讨了 CEO 过度自信对企业国际化进程战略的影响。Chatterjee 和 Hambrick（2007）发现 CEO 自恋的人格特质会影响有关收购的数量和规模的决策。CEO 过度自信对企业并购决策具有负面影响（刘伯和梁超，2017）。富有创造力的领导者通过对员工创造性工作行为的支持，促进组织创新精神的发展，激发组织创造力，从而更有可能引发企业创新（Rupple 等，2016）。还有学者研究了高管动机型人格特征对战略选择的影响，诸如具有高度成就需求的创业者更可能制定"雄韬伟略"，以开拓市场和获得成就为行为导向（Eggers 和 Kaplan，2009）。目前，从心理学视角分析创业者个性特征，最常见也是最广泛被使用的方法是"大五人格模型"（Costa 和 McCrac，1992），其对人格特质进行系统分类（外向性、神经质、宜人性、严谨性、经验开放性）并有大量研究证实了这几个特质对个体职业选择、团队合作和工作绩效的关键作用（单标安等，2015；Gupta 和 Muita，2012），但这一方法被质疑是通用的人格测试而非针对创业者。尽管现有关于心理特征的研究正处于蓬勃发展的时期，但是这一视角下的研究由于使用心理和组织变量的异质性和测量量表的验证性问题，依然不容易形成较为统一的结论。

表2-2 **高管特征对组织的影响**

高管特征	结果变量	相关文献
年龄	收购战略、风险偏好、研发投入、企业绩效	Hitt 和 Tyler，1991；Yim，2013；Serfling，2014
性别	研发投入、高管团队整合、企业绩效	韩宝珺，2019；Dezso 和 Ross，2012；Chen 等，2016；Eckel 和 Grossman，2008；Oakley，2000
教育背景	收购战略、创新战略、企业绩效	Bromiley 和 Rau，2016；Ng 和 Feldman，2009
任期	战略变革、组织惯性	Barher，2002；Finkelstein 等，2009；Matta 和 Beamish，2008
过往经验	企业成长	Barker 和 Mueller，2002；Datta 和 Rajagopalan，1998
自恋	收购规模	Chatterjee 和 Hambrick，2007，2011
过度自信	并购、风险偏好、企业社会责任、预期盈利、模仿	Li 和 Tang，2010；Tang，2015；Chen 等，2015；Zhu 和 Chen，2015
自我效能	创业导向	Simsek 等，2010
谦虚	企业绩效、企业创新、高管团队整合	Ou 等，2015；Zhang，2017；
大五人格	战略变化、战略灵活性	Herrmann 和 Nadkarni，2014

3）理论在本书中的应用

对于新创企业而言，尤其是处于孕育和成长期的企业，其组织结构尚不完善，高层管理团队处于建设初期。由于企业的规模与资源的短缺，使得创始人或联合创始人不得不"身兼数职"以削减工资的支出，因此创业者是企业的实际控制人。实际上团队的高管指的是对权力有掌控权的人，在新创企业的初创期和成长期创业者（团队）就等同于高管团队掌握着权力。因此，对于新创企业而言，高阶理论指的是创始人或联合创始人（统称为创业者）的价值观和认知偏好对企业战略选择与企业绩效的影响。同时，已有学者通过实证研究证实了 CEO 作为高管团队的核心力量，其特征对于企业绩效的影响（贾迎亚等，2021；Liu 等，2018）。这说明了对创业者个体特征的研究同样符合高阶理论的基本假设。

Hambrick 和 Mason（1984）提出的高阶理论为企业管理的相关研究奠定了基础。通过对高阶理论的梳理可以发现，创业者特质作为一个亟待开拓的研究领域，不仅要了解创业者个体特质，尤其是心理特质对组织绩效的整体影响，还要探索在这一过程当中，创业者的个体特质对创业活动的作用结果。现有研究针对不同研究问题存在几个不同的研究思路，一是聚焦于高管团队的可观测特征，诸如人口统计学相关特征或差异性对企业绩效的影响，通过将高管团队特征做均质化处理实现测度。二是聚焦于心理特征。探索创业者的特定人格特质，如风险承受能力、自恋、傲慢或过度自信与企业创新、战略导向或是企业绩效的相关性。近年来，学者们将研究重心从创业者可观测变量与企业战略选择和企业绩效的相关关系分析过渡到心理特征对创业活动以及创业结果的作用机制的研究问题上。通过探究创业者人格特质、价值观、认知风格对企业绩效及其中的中介机制，使创业者的创业心路历程逐渐显性化。本书借鉴高阶理论"高管特质—战略决策—企业绩效"的研究框架，提出"创业者人格特征—企业行为—企业成长"的研究框架，特别关注创业者不同的人格特质对新创企业成长的作用结果和作用机制，以期丰富高阶理论。

2.1.2 熊彼特创新理论

1）熊彼特创新理论的内涵

创新理论是由熊彼特在 1912 年提出的。在《经济发展理论》中，他提出一个全新的生产函数用于解释创新，认为创新是将新的生产要素引入企业原有的生产体系之中，产生生产要素的全新组合或建立全新的生产函数的过程。他还强调创新对于经济发展的重要作用，资本主义经济发展的来源正是这种新组合的不断实现，通过建立新组合最大限度地获取超额利润。熊彼特将创新解释为对企业内外部资源的重新组合，通过对企业资源的重组发明一种新的产品或新的生产流程，促进企业生产效率的提升。熊彼特关于创新的基本观点如下：一是创新是对企业内部资源的重组而不是外部强加产生的，强调创新的内生性。二是创新过程中的重组不是简单的叠加，而是一种颠覆式变化的发生，因此创新具有突发性和间断性。三是创新是具有破坏性的，创新的发生必然伴随着旧组织或制度的消亡，企业的持续经营、市场经济的发展都需要进行创造性的破坏，通过打破原有的格局建立新的格局。四是创新必须是有价值的，他认为先有发明，后有创新，发明是对新方法或新事物的发现，而创新则是对新事物或新方法的运用。五是创新对于经济发展的作用，其认为新的组合必然会实现经济的发展。六是强调了创新的主体是企业家，企业家在对组织生产要素重组过程中起决定性作用，企业家会通过洞察力、协调能力和管理能力对组织产生影响，并形成创新的组织氛围。实现引入新的生产要素或对生产要素的新组合正是资本主义经济发展中企业家的职能所在。熊比特创新包含5个类别，分别是引入一种新产品、产生一种新的生产方式、开辟一个新市场、采用新的原材料来源、创造一个新的组织。图2-3是熊彼特创新理论的示意图。

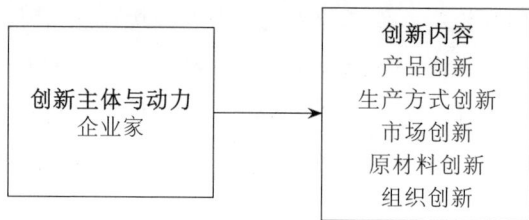

图2-3 熊彼特创新理论示意图

近些年来商业模式创新作为熊彼特创新理论的第五类创新已得到广泛认同（夏清华和娄汇洋，2018；Casadesus-Masanell 和 Zhu，2013）。商业模式创新是指寻找企业运转的新逻辑以及为其利益相关者创造和捕捉价值的新方法，采用新的方式组织企业商业活动是熊彼特创新中的组织创新。它侧重于寻找为客户、供应商和合作伙伴创造收入和定义价值主张的新方法。任何发明的经济价值都需要通过商业模式实现商业化（Chesbrough，2010）。

2）主要内容

在熊彼特创新理论中，经济活力和增长的动力是企业的不断诞生和消亡。企业家通过参与"创造性破坏"在这一过程中发挥着核心作用。也就是说，企业家寻找并识别具有高颠覆潜力的新经济机会产生"新的组合"。通过利用这些机会，企业家将创新带入市场，并破坏现有的市场平衡（Audretsch和Link，2012；Hébert和Link，2006），促进经济的发展。熊彼特理论认为，创新的目的是获取某种潜在利益，企业家的职能是主动投资于这种获利的项目之中创造或引入新的生产方式实现利益的获取。在追逐利益的过程中，企业家实现对生产函数的不断更改和调整，实现收益最大化。熊彼特创新理论的实质是企业家通过创造性地破坏经济循环的惯性轨道，实现创造性的发展。因此，企业家是推动经济发展的根本动力，是创新的灵魂。熊彼特创新理论中的企业家是发现和利用罕见的创新和破坏性机会的有远见的人。因此，创造了新的市场，破坏了现有的市场平衡的人被称为企业家（Schumpeter，1934）。硅谷的一些超级明星企业家颠覆了市场，破坏了原有的市场平衡，产生了一种完全新颖的组合，他们被认为是熊彼特创新理论中企业家的典型代表（Thiel和Masters，2014）。熊彼特明确区分了企业家和那些不具备这些创新技能但擅长使用成熟方法经营企业的职业经理人。成就需求和创新性是企业家不同于职业经理人的典型特征。依据熊彼特创新理论，企业家需要承担不确定的风险，打破企业的常规活动，同时企业家要依靠自己的直觉进行判断并做出决策，克服外界的压力和阻力，实现创新和发展。熊彼特创新理论认为企业家对创新的动力源于获取超额利润的动机，此外还源于企业家精神，熊彼特认为企业家精神主要包括创造性精神（首创精神），追求成功的强烈欲望或成功至上的价值观，苦中作乐的韧性，敢于冒险以及高度的事业心。

熊彼特还指出了创新的实现途径即熊彼特创新模型 II，模型中企业家是创新的主体，企业家通过对外部机会的搜寻会发现与企业发展相关但尚未得到引用的技术，此时企业家能够有意识地将此类技术引入企业的生产体系之中，并凭借此技术实施创新。当企业依靠此技术形成一种颠覆式的创新，那么将使得企业生产结构发生彻底改变并颠覆现有市场，从而使焦点企业在短期内获得超额垄断利润，在大量模仿者的跟进后这一作用被逐渐削弱。此外，熊彼特创新理论还指出了实现创新的条件。熊彼特认为尽管创新是驱动资本主义社会前进的动力，企业家在其中发挥重要的作用，但创新仍旧可能不会发生。他强调了创新观念的塑造在其中发挥的作用，在循环流转的社会经济环境下，创新不可能实现，因为缺乏创新的意识。此外，资本的可获取性也是创新能否发生的重要情境。

3）理论在本书中的应用

熊彼特创新理论强调创新对于资本主义经济发展的根本性促进作用，同时强调了企业家对于创新的重要作用。在熊彼特创新理论中，创新是企业家唯一的职能，因此可以认为企业家的作用是在企业追逐利益的过程中，实现对生产函数的不断更改和调整，实现收益最大化。商业模式创新作为熊彼特创新的第五类创新被纳入熊彼特创新的假说之中，因此可以认为商业模式创新的前因是企业家。熊彼特创新理论为本书提供了一个理论框架，即创业者在新创企业成长的过程中，通过对企业生产要素的不断调整，实现了商业模式的创新，进而促进了新创企业的发展。因此，本书依托熊彼特创新理论将商业模式创新引入创业者对新创企业成长的作用框架之中，探寻三者之间的内在关联。此外，熊彼特创新还提出了创新发生的情境，即创新观念作为创新发生的重要条件，在后文将分析哪些因素会形成创新的观念，作为创业者对商业模式创新作用的重要情境特征。

2.1.3　企业成长理论

1）企业成长理论的内涵

企业成长是经济和管理学领域研究的重点问题。经济学视角下企业成长理论包括新古典经济学理论和新制度经济学理论。新古典经济学理论将企业作为一个生产函数，认为企业成长就是企业调整产量以达到最优规模的过程（Nelson 和 Winter，1977）。Coase 的新制度经济学理论认为企业成长的边界源于一般性均衡，即交易费用与企业内部协调管理费用的均衡决定了企业的成长水平。杨小凯和黄有光（1993）发现交易效率提高的收益和交易费用成本间的均衡是影响企业成长的主要原因。新古典经济学和新制度经济学视角下的企业成长是静态的、均衡的。随着这一概念被逐渐被引入管理学领域，发展为企业内生性成长理论，其认为企业成长的范围是由如资源、能力和知识等内生性因素决定的。代表性的理论有 Penrose 的内生成长理论、资源基础观视角下的企业成长理论等。表2-3 对古典经济学和管理学视角下的企业成长理论进行了对比。企业成长被认为是企业在资源和能力方面的积累与提升，通过对自身能力的塑造以及资源的积累，以展现整体扩张的态势。企业的成长可能体现为量的变化，也可能体现为质的变化。企业量的变化代表着企业规模的扩大，企业质的变化代表着企业核心竞争力的塑造和增强。量与质的变化都意味着企业实现了成长。当企业规模扩大，会引发企业技术上的、组织流程上的或是制度上的创新需求，这带来了企业对质的成长要求。同时，若企业增强了其核心能力，会使得企业的销量显著提升，此时需要进一步扩大生产规模导致量的变化。因此，企业成长通常被定义为管理者对企业内外资源潜力的持续挖掘，将企业由小变大、由弱变强，通过资源整合、能力提升塑造适应环境能力的可持续的增长过程（刘学军，2006；邬爱其，2004；曾志伟，1999）。

表2-3　　　　　　　**经济学视角与管理学视角的主要区别**

理论视角	代表理论	企业成长边界
经济学	新古典经济学理论 新制度经济学理论	生产规模 交易费用一般性均衡
管理学	彭罗斯企业内生性成长理论 管理者理论的企业成长理论 资源基础企业成长理论	企业资源 能力 知识

2）主要内容

企业成长理论可以分为外生性和内生性成长理论以及生命周期视角下的企业成长理论。外生性成长理论包括新古典经济学理论、新制度经济学理论。新古典经济学认为企业成长的所有条件都是已知的，只要对生产函数中的数量进行调整就可以实现最优，其认为企业成长是一种最优化规则，受劳动需求、宏观政策变化以及市场供需关系调整（Makino，2004；Nixon，2005）。该理论建立在信息公开化、交易零成本的假设之上，认为企业成长的影响因素是外生性的。经济学视角下的企业成长理论主要从市场均衡、生产函数等角度探讨企业规模的扩张，无法解释同一环境下不同的企业成长表现，不能从根本上解释企业成长的原因。

内生性视角下的企业成长理论包括彭罗斯内生性成长理论、管理者理论的企业成长论等。内生成长理论源于亚当·斯密在《国富论》中对于劳动分工和规模经济的解释，其认为企业成长的根源是劳动者通过从事简单重复性工作和对复杂工作的分解简化生产流程、提高劳动生产率。他通过研究发现，复杂的任务可以分解成一系列简单的工序。通过劳动分工将复杂任务进行拆解，可以有效提升生产效率。这有利于劳动者熟练掌握技能，实现方法上的创新为企业带来效率提升并增加企业规模。1920年，马歇尔从企业职能部门的分工角度提出差异分工对企业成长的促进作用。Penrose（1959）在此基础上以单个企业为研究对象提出了"企业资源—企业能力—企业成长"的理论分析框架。其提出管理资源决定了企业成长的边界，若组织内部决策活动惯例化将缓解组织内资源稀缺的问题，从而促进企业成长，强调管理者在"标准化程序规则制定"中的作用，决策的惯例化和程序化将促进组织内知识的积累，稳定组织成员预期，提升企业成员决策效率。Nelson和Winter（1982）强调了处于变动市场环境的企业的演进，他们提出企业现有管理或知识基础直接影响了企业成长的方向和模式。企业成长的原因是组织所处环境变化导致企业运行状况发生异常使收益变低，企业通过对管理的调整实现企业的成长。目前，知识、资源和能力对企业成长的促进作用在内生性视角下的企业成长理论中已达成共识。现有研究多以此为核心探讨企业成长问题。

生命周期视角下的企业成长理论。生命周期视角下的企业成长理论是指企业被类比成具有生命的个体，其成长具有不同的阶段，企业成长按照生命周期的阶段进行演进。在每一成长阶段有着不同的成长特点。Larry（1972）在其著作《组织成长的演变》中首次从生命周期的角度诠释企业的成长过程。企业生命周期理论（Greiner，1989）将企业成长的过程与个体成长过程进行类比，正如人要经历生老病死一样，企业同样经历由初生、孕育、成熟、衰老等构成的一系列全生命周期的阶段。陈佳贵（1995）通过六个阶段描述企业的成长过程，分别是孕育期、求生期、高速成长期、成熟期、衰退期、蜕变期。在对企业成长的早期阶段进行的研究中，有学者将企业早期成长过程分为四个阶段，分别是创业前的准备阶段、创业阶段、早期成长阶段、晚期成长阶段（Holt，1992）。还有学者将创业企业划分为三个成长阶段，分别是企业建立阶段、生存阶段、成长阶段（夏清华和易朝晖，2009）。

3）理论在本书中的应用

通过对企业成长理论的回顾可以发现企业成长的过程及动力机制。能力和资源作为内生性因素对企业成长有着重要作用。我国新创企业数量不断增多，随着劳动生产率的不断提高，新创企业在发展规模和发展质量等方面有了很大进步。但目前我国创业实践失败率仍然较高，新创企业平均寿命只有 1.75 年，这说明我国新创企业还面临许多成长问题，主要表现在以下几个方面：一是新创企业规模较小、竞争力弱；二是新创企业科技创新能力较低、技术含量较低、缺乏核心竞争力；三是新创企业本身管理体制不够健全，尚未形成稳定的规章制度和组织结构；四是新创企业融资方式较少、融资渠道不够广泛、资金不足，制约着企业发展；五是新创企业营商环境趋于复杂和充满不确定性。因此，运用企业成长理论探索新创企业成长问题对于我国创业实践具有重要意义。本书将以企业成长理论为基础，将理论与实际相结合对新创企业成长过程中所面临的问题进行内外部原因的综合分析，探寻如何促进新创企业成长的问题。

2.2 文献综述

2.2.1 创业者人格特质的相关研究

1）创业者人格特质的内涵

人格特质是指个体内在的、独有的一种品质，通常被用来描述个体的性格特点（personality trait），其不因环境因素而发生变化，是一种复杂的、与生俱来的生理和心理结构（Nicolaou 和 Shane，2009）。特质论认为，人格特质可以表现出稳定的性格特征并影响人的行为方式。因此，人格特质是决定个体行为特征和结果的关键因素（Pervin，1996），它能够解释为什么不同个体面对同样情况具有不同反应。目前较为统一的看法是人格特质是指个体在观察、行动和感知等方面表现出的生理和心理方面的稳定行为模式（Brandstätter，2011）。创业者人格特质（entrepreneurial personality trait，EPT）在经济学领域有被提及，如Schumpeter 在 1935 年就将成就需求、控制力、创新性等创业者人格特质纳入其经济发展理论之中。McClelland（1961）提出成就需求是影响国家经济差异的主要原因，他将成就需求与创业和经济发展纳入一个模型，认为成就需求是创业者重要的人格特质。创业被视为具有优秀人格和心理特质的少数人群的专属行为，从而引发了学者们对创业者人格特质的关注。创业者人格特质与普通人格特质不同，其强调了企业所有人的重要性（池军，2010），影响的是创业意图乃至整个创业活动。Robertson（2003）指出创业者人格特质是创业者在适应环境过程中所表现出的独特行为和处事方式，是个人具有的重要和持久的心理特征的总和。李巍（2013）将创业者人格特质定义为企业高管具备的稳定的心理特质，用于支配其思维逻辑、决策偏好以及行为方式。Young 和 Kim（2015）指出创业者人格特质是决定创业者分析和理解企业内外部信息方式的重要因素，对创业企业相关活动是否能够有效开展起着重要作用。有一部分学者认为创业者人格特质是先天形成的，也有学者认为创业者的人格特质能够受外部环境影响发生改变，是后天培养的（罗明忠，2014；孟慧，2003）。但无论人格的形成机制如何，创业者人格特质均在一定时间内保持稳定性，不会随时间或外部环境发生变化。现有研究较为一致的观点认为创业者人格特质是一种能够支配创业行为的稳定心理特性，即在某一人格特质影响下总能形成一致的行为反应或倾向。

2）创业者人格特质的维度

现有关于创业者特质已有较为丰富的研究，但是却未形成学界认可的理论，在创业者人格特质维度划分领域存在较大的争议（李巍和许晖，2016；张洪金等，2021）。早期研究多从心理学视角展开，如 Costa 和McCrae（1992）提出的"大五人格"，学者们多从外倾性、宜人性、严谨性、神经质、经验开放性维度分析创业者人格特质，进而分析不同心理特征会引发哪些创业行为。但随着创业情境的复杂化和多样化，通用型心理特质已经无法分析更为具体的创业事件和情境，如在风险面前创业者需要具有一定的风险承担性，但这却不属于"大五人格"中的任何一个特质。Rauch 和 Frese（2007）强调用狭义的、更具体的人格特质进行创业领域的研究有助于创业理论的发展。因此创业者人格特质的维度划分变得更为多样化，开始关注那些对创业活动有着明显影响的人格特质。有学者将创业者人格特质划分为成就需求、控制点、创新性、模糊容忍度、冒险倾向和自我效能（Thomas，1987；Bonnett，1991）。Lee 和 Tsang（2001）曾在管理学顶级期刊上发表文章，特别关注了成就需求、内控性、自我依赖和外倾性创业者人格特质。他们发现表现出高绩效的创业者更强调独立决策、拥有更庞大的社交网络，这与他们的自我依赖和外倾性的人格特质有直接关系。Rauch 和 Frese（2007）通过分析发现了与创业行为和创业成功有着密切相关性的特质包括成就需求、广义自我效能感、创新性、压力容忍度、自主性需求和主动性人格。成就的高度需求、内部控制点、风险承担、模糊容忍度、高度自信和创新等创业者人格特质都被认为能够预测企业的绩效（Palmer 等，2019）。国内学者李巍和许晖（2016）以国际新创企业成长为研究课题，将创业者人格特质分为国际注意力、国际风险偏好以及国际社会资本。张秀娥等（2021）则关注企业创新问题，选取风险承担和创业警觉性作为创业者心理层面特质。表 2-4 整理了现有关于创业者人格特质的划分维度。

表2-4 创业者人格特质的划分维度

维度划分	创业者人格特质	代表性学者
三维度模型	认知型人格特质、气质型人格特质、动态专有型人格特质	Cattell（1965）
大五人格模型	外倾性、宜人性、尽责性、神经质、经验开放性	Costa和McCrae（1985）
基于特定研究目的人格特质	成就需求、风险倾向、心理控制源、模糊容忍度	Ahmed（1985）
	成就需求、心理控制源、自我依赖、外倾性	Lee和Tsang（2001）
	成就需求、风险承担、心理控制源	Keh等（2002）
	风险承担、外向性、宜人性、经验开放性、严谨性、神经质	Zhao和Seibert（2006）
	成就需求、广义自我效能感、创新性、压力容忍度、自主性需求和主动性人格	Rauch和Frese（2007）
	创新性、心理控制源、风险承担、成就需求	Ge等（2009）
	创新偏好、风险偏好、成就偏好	林嵩（2009）
	创新性、主动性、风险承担性	Vantilborgh等（2015）
	国际注意力、国际风险偏好以及国际社会资本	李巍和许晖（2016）
	创造性、成就需求、风险承担	Smith等（2014）；单标安等（2018）
	经验开放性、责任心、主动性、坚韧性、多面手、风险承担、坚韧认真、成就需求、诚实守信、自信	王海花（2018）；陈建安等（2016）；刘宇璟等（2015）
	创造力	Altinay等（2021）；Amabile（1997）；Pretorius等（2005）

通过对创业者人格特质划分维度的梳理可以发现，创业者成就需求（achievement motivation 或 need for achievement）是目前关注最为广泛的一类特质（Young 和 Kim，2015），它反映了创业者希望完成具有挑战性的目标和追求不断成功的强烈欲望，被认为与企业成长高度相关（Lee 和 Tsang，2001）。风险承担性（risk-taking）是现有研究较为关注的另一个特质，尤其对于中国的新创企业来说，这一特质受到了广泛的关注（张秀娥等，2021；李巍和许晖，2016），因为创业活动具有高度的不确定性（Shan 等，2014），创业者需要一定的风险承担性才能开展创业活动。创业者风险承担性是指个体乐于冒险、喜欢进行一切与风险有关的行为，被认为是创业者特质的核心维度。具有较高风险倾向的创业者更能对机会进行有效识别、评估与利用（Keh 等，2002）。创业者通常被认为具有风险承担性，对风险选择的态度可能植根于他们对风险的认知框架（Kahneman 和 Tversky，1979）。一般来说，人们倾向于在有利条件下规避风险，而不利条件往往会产生更危险的行为。因此，不确定的环境可能会激发创业者不断从事寻求风险的行为。因此，在不确定环境下创业者可能会表现出更高的风险承担性。Florentin 等（2022）的研究指出，在创业初期创业者的风险承担性尤为明显。因此不确定环境下的新创企业创业者可能会表现出突出的风险承担性作用于企业活动之中。在有关新创企业成长的研究中，除了研究最为广泛的成就需求和风险承担性之外，创业者创造力（creativity）特质也在近年来受到特别关注。创造力被认为是创业活动的重要驱动力（Kumar 和 Shukla，2019），创造力（产生新想法）对于实现创新（新想法的实施）至关重要（Ahlin 等，2014）。创造力在创业的不同阶段都有着重要的作用，对于新创企业尤为如此。Pretorius 等（2005）认为创造力是成功创业所需创业技能的重要组成部分。Bridge 等（2003）强调了创造力是新创企业形成核心竞争力的基础。Gavetti（2012）指出主流思维方式之外的想法会因其罕见和难以复制性，让企业有更加卓越的表现。因此，创业者创造力产生的创意被认为是新创企业产生更大经济价值的基础和前提。

3）创业者人格特质的作用

（1）创业者人格特质对创业活动影响的相关研究

目前关于创业者人格特质对创业活动影响的相关研究，主要包括创业者人格特质对创业结果的直接影响以及对创业结果的间接影响两类。其中直接影响主要集中在对创业者创业意向、企业创建与成长、企业绩效等方面。激情、创新性和好奇心等特质被认为与创业意向显著相关（Syed等，2020）。Lee和Tsang（2001）通过实证研究发现了成就需求、心理控制源与创业者自我依赖这些人格特质对企业成长的显著正向影响。Baum和Locke（2004）通过实证研究发现创业者激情和创业者韧性对企业绩效有显著的促进作用。还有一部分学者发现创业者人格特质与企业结果之间并没有必然关系，如对模糊的容忍度被证明与企业财务绩效并没有相关关系（Zhao和Seibert，2006）。表2-5是创业者人格特质对创业结果的直接作用。

表2-5　　　　　　　　创业者人格特质对创业结果的直接作用

创业活动类型	相关因变量	主要影响结果	代表性研究学者
创业结果	创业绩效	成就需求、风险承担、不确定容忍度（+）；内控性（+）；激情（+）；坚韧性（+）	Begley和Boyd，1987；Boone和Brabander，1993；Baum和Locke（2004）
	企业成长	成就需求、内控性、自力更生（+）	Lee和Tsang，2001；Zhao，2010
	企业长期生存	宜人性（+）外向性、严谨性、神经质（不相关）；经验开放性（负相关）	Lee和Tsang，2001
	企业财务绩效	模糊容忍度（不相关）	Boyd和Vozikis，1994；Das和Teng，1997；Zhao和Seibert，2006
创业启动	创业意图	尽责性（+）；经验开放性（+）；风险承担性（+）	Zhao，2010；Boyd和Vozikis，1994；Crant，1996；

另一类则关注了创业者人格特质与创业结果之间可能存在的一些间接作用，试图为同一特质导致不同研究结果的原因寻找依据，表2-6是创业者人格特质对创业结果的间接作用。本书通过对现有文献的梳理发现了几种作用路径，即创业者人格特质是通过影响创业者的认知、创业者的行为以及创业者在企业中的战略制定对企业绩效产生影响的。首先，认知理论认为创业者的人格特质能够对创业者认知产生影响，不同的认知影响创业者对于外部机会的识别，因此认知理论构建了"特质—认知—结果"的作用路径。Baum 和 Locke（2004）运用此路径在其研究中发现创业者的激情和韧性通过影响创业者的认知因素——自我效能感，进而对新创企业产生影响。Wang 等（2016）从大五人格角度同样发现了创业者人格特质通过作用于创业者自我效能感促进企业成长的作用路径。创业者认知通过影响创业者对外部环境或信息的感知从而影响创业者的决策，包括是否进行机会的利用（Keh 等，2002）。其次，行动理论认为创业者人格特征可能并不能够直接影响企业绩效，而是由于不同的创业者人格特质引发创业者不同的行为进一步影响企业绩效。这些行为包括构建社会网络、向外部寻求资源、积极探索机会、制订行动计划、失败后的反思与坚持以及形成不同的领导风格等，这些行为被证明与创业产出有更大的相关性。行动理论构建了"特质—行动—结果"的作用路径。运用此路径进行的研究有 Fay 和 Frese（2001），他们通过研究发现创业者的自我启动、长期主动性以及面对困境时的坚持能够促进创业者对机会的开发，进一步对创业绩效产生影响。Pittino 等（2016）发现创业者内控性与模糊容忍度这两种人格特质更容易引发创业者的冒险行为，创业者人格特质通过影响企业战略制定作用于企业绩效，因此构建了"特质—战略制定—结果"的作用路径。应用此路径的研究主要有 Deshpande 等（2013），他们发现高成就需求的人格特质会采用以顾客为导向和以成本为导向的战略，进一步促进企业绩效提升。Zainol 和 Ayadurai（2011）将创业导向作为中介变量，讨论内控性、成就需求等特质与企业绩效的作用关系。

表2-6 创业者人格特质对创业结果的间接作用

理论视角	主要观点	作用路径	作用过程举例	代表性研究
认知视角	创业行为过程伴随着创业决策，创业决策受个体认知因素影响	特质—认知—结果	激情、韧性会影响创业者自我效能感，进一步影响企业成长	Baum 和 Locke，2004；Keh 等，2002；Krueger，2003
行动理论视角	创业者特质通过影响个体行为，引发不同的创业结果	特质—行动—结果	风险承担、主动以及乐观都会引发积极的行动，如在困难和障碍面前表现出的坚持，从而为企业获得长期成功奠定基础	Fay 和 Frese，2001；Frese，2009；Ashraf 等，2013；Chen 和 Yang，2009；Pittino，2016
战略制定视角	创业者特质影响企业的战略制定，进一步作用于企业绩效	特质—战略制定—结果	成就需求有利于形成以客户为导向的企业战略，从而影响企业绩效	Zainol 和 Ayadurai，2011；Wang 等，2016；Chatterjee 和 Hambrick，2007；Deshpandé 等，2013

（2）创业者创造力对创业活动影响的相关研究

创造力是指创业者能产生新奇、有价值的想法（Amabile，1996），并利用创新的方式解决问题。创造力反映了创业者有能力和信心创造性解决问题的程度（Ahlin，2014）。作为企业最宝贵的无形资产，创造力被认为是组织竞争优势的来源，对于企业在复杂环境中的生存和成长至关重要（Amabile 和 Pratt，2016；Baron 和 Tang，2011）。目前，关于创业者创造力对创业活动的影响主要有以下几个方面：一是创业者创造力与企业创新的关系。Henry 等（2011）、Amabile（1996）和 Leible（2007）等学者均发现了创业者创造力对于产品创新或服务创新的促进作用，因为由创业者产生的既新颖又有用的想法是创新最关键的因素之一（Amabile，1996；Rosenbusch 等，2011）。Baron 和 Tang（2011）通过实证研究发现，创业者创造力与企业层面创新绩效之间存在正向关系。二是创业者创造力在资源利用方面的作用。An等（2018）发现创造力有利于组织进行资源拼凑，尤其是对于资源有限的新创企业。创业者创造力通过将不同应用的资源以新的方式组合和重用，实现资源拼凑以解决企业的资源困境。三是创造力对于团队层面的作用，包括对领导风格、组织文化以及组织成员创造力的影响。Gao等（2021）发现具有创造力的领导更有可能形成一种变革性的领导风格，他们更有可能乐观地思考组织的未来，并积极定义企业发展的愿景。Yuan和Woodman（2010）以及Baron和Tang（2011）都发现了具有创造力的创业者对于组织创造性氛围的积极作用，有创造力的创业者会积极向组织传达创新目标，以确保组织成员以高度信任参与创新任务。

（3）创业者成就需求对创业活动影响的相关研究

成就需求（need for achievement）是创业者对完成有挑战性的目标以及对追求成功的强烈渴望，对已有的成就不轻易满足（Lee和Tsang，2001），是一种无意识的动机倾向（Langan-Fox和Roth，1995）。成就需求被概念化为一种激励个人为了获得成功和卓越而面对挑战的性格。这种倾向导致个人设定困难但可实现的目标并努力实现，勇于面对不确定性并容忍歧义，积极为问题寻找解决方案，并对其行为的后果承担个人责任（Johnson，1990；Sagie，1994）。成就需求的概念来源于McClelland（1985）的"获得性需求理论"，是影响个体在工作环境中表现的主导需求之一。成就需求作为区分创业者和非创业者的重要特质，在创业领域受到广泛的关注（Shane和Venkataraman，2000；Young和Kim，2015）。马斯克的座右铭是所有有意义和身体上可能的事情都可以而且是应该做的（Junod，2012）。具有强烈成就需求的人有着行动的内在动力。对于这些人来说，实现困难的目标比物质或经济奖励更重要（Jayawarna等，2013；Wach等，2016）。成就需求经常在创业领域中被探讨，大量研究侧重于成就需求的定义和测度（Collins等，2004；Sagie，1994）。还有一部分研究利用这种倾向来区分企业家和非企业家，将成就需求与创业行为联系起来（Brockhaus，1982；Johnson，1990；Naffziger等，1994）。还有研究集中讨论了成就需求对个人和组织绩效的影响，如企业成长或成功获得融资（Collins等，2004）。

目前，关于创业者成就需求对创业活动或结果影响的相关研究如下：一是成就需求对创业意向的影响。具有成就需求的创业者会倾向于承担适度挑战性的任务，具有更多创业意愿与企业建立有着重要的联系（McClellan，1965；Shane等，2003）。二是成就需求与战略导向的关系。具有成就需求的创业者以结果为导向，重视成就和财务安全（Collins等，2004）。Deshpande等（2013）的研究发现，创业者成就需求能够形成以客户为导向的企业战略。客户导向是指企业将客户放在第一位的行为信念，着重打造在理解和满足客户方面的卓越技能，与实现企业盈利目标息息相关。具有成就需求的创业者通常会倾向于与客户建立密切的联系（McGrath等，1992），具有积极向外部寻找机会的行为习惯（Ardichvili等，2003）。高成就需求的创业者将成就和经济奖励视为有价值的目标，他们对绩效结果有强烈的个人责任感（McGrath等，1992；Morris等，1994），因此经常专注于对企业的控制以及企业效率的提升（Collins等，2004）。由于成本导向与企业盈利目标密切相关（Noble等，2002；Porter，1980），具有高成就需求的创业者会建立成本导向的企业战略。成本导向强调成本最小化和生产效率最大化，以有吸引力的价格提供优质商品（Fritz，1996；Noble等，2002）。三是对创业结果的直接作用。Slocum等（2002）以及Tong等（2011）指出具有成就需求的个体在困境面前能保持高水平的能力，并参与到创业活动之中，因此对创业绩效产生积极的作用。McClelland（1965）指出成就需求能够提升企业绩效，因为成就需求激发了创业者参与到有挑战的任务中。Slabbinck等（2018）发现当有成就需求的个体管理初创企业时，初创企业成长更快。因为具有高成就需求的个体对具有挑战性的目标会表现出更大的奉献精神，并在完成任务后具有更高的满意度，激励个体独立工作，并对自己的表现负责（McClelland等，1949）。许多研究表明成就需求与创业成功密切相关（Collins等，2004；Mahadea，2008）。

（4）创业者风险承担性对创业活动影响的相关研究

风险承担性是指企业面临不确定的经营环境时，愿意追求高收益并为之付出代价的一种决策态度倾向或行动承诺（Lumpkin和Dess，

1996）。风险承担性反映了企业对于变化的接受程度，尤其是在生存环境动荡、资源约束度高的情况下，衡量了创业者是否敢于打破常规、容忍和接受偏离传统、挑战权威的观点和行为（Chen等，2015）。目前，关于创业者风险承担性对创业活动的影响的研究主要有以下方面：一是风险承担性对创业绩效的影响。杨隽萍和赵彩虹（2022）发现，当企业生存环境不确定性加剧时，创业者风险承担性越高，就越有可能快速建立企业的核心竞争优势，企业绩效表现越好。但也有研究发现风险承担性与企业绩效之间的负向关系。Begley和Boyd（1987）的研究证实，创业者风险倾向水平的提高会降低绩效。二是风险承担性与机会识别和利用的关系。Kannadhasan等（2019）发现具有较高风险承担性的个体比其他人更有可能识别风险型机会。Games和Rendi（2019）发现即使在资源有限的情况下，创业者也敢于做出投资决策对机会加以利用。三是风险承担与创新的关系。创新本身就伴随着巨大风险，因此大量学者发现了风险承担性和创新之间的关系，如Covin和Slevin（1989）发现创业者的风险承担性越强，其对企业的创新活动就会越支持。风险承担性被认为能够促进企业对产品的持续性创新（Miller等，1982），创业者一定的风险承担性是企业创新的重要前提（杨建君等，2009）。但也有研究发现，创业者的风险承担性也并非越高越好，若企业创业者过于冒进，选择不具备市场前景或技术难度大，无法成功的项目，这会使得项目失败概率增加，从而不利于企业创新。

4）现有研究评述

新创企业的组织结构相对于成熟企业表现出非正式、规模小的特点。其主要由单一管理者（创业者）管理（Rauch等，2005）。因此，创业者的人格特质对新创企业行为的影响较大型企业更大。因此，从创业者的心理特征方面获得洞察力，以了解创业者与新创企业绩效之间的关系对于促进新创企业成长有着重要意义。创业者人格特质的研究越来越被发现能够揭示企业不同行为和绩效背后的深层原因，因此逐渐引发学者们的重视，现有关于创业者人格特质的研究已有一定数量的研究成果，但是研究角度却十分分散，无法系统地解决企业如何成长的问题，现实中许多重要的问题都没能通过理论研究做出合理的解释。因此，创业者人格特质的研究在维度划分、作用结果和作用机制等方面还有着较大的研究空白。

一是现有研究对创业者人格特质维度的划分存在分歧。关于创业者人格特质的界定已经基本达成共识，但在创业者人格特质的维度划分上，尤其对于管理学领域的研究还处在散乱、缺乏理论框架的阶段（李巍和许晖，2016）。Rauch 和 Frese（2007）强调了用具体、狭义的人格特质去进行创业者创业行为的研究，更具有理论意义。由于创业者人格特质被认为与企业绩效关系较弱，所以目前研究根据不同研究问题有针对性地选取人格特质进行研究的方法有助于探寻创业者人格特质与结果变量之间的关系。但是现有研究对新创企业的创业者具有哪些特质能够有利于其突破生存和生长瓶颈还没有进行讨论，尤其是对于创造力的讨论明显不足。

二是现有研究对人格特质与创业产出之间的作用机理关注不足。现有研究探索了创业者人格特质对企业产出作用的间接效应，如不同的创业者人格特质会通过机会识别与利用、企业创新、创业导向、企业能力等对创业结果产生影响，但是对于企业进行何种类型的创新解释不足。

2.2.2 商业模式创新的相关研究

1）商业模式创新的内涵

Teece（2010）将商业模式看成企业创造、交付或获取价值的方式。Zott 和 Amit（2012）认为商业模式能够通过产生价值，设计收入和成本结构，以及确定重要的资源、流程和能力在企业中发挥作用。商业模式涉及企业实施的战略和实现技术商业化的方式，市场技术、政策法规、客户需求和竞争对手的快速变化为企业带来重大挑战，因此，为了适应这种变化，企业需要重新设计其产品、运营和营销模式或引入新的技术，构建新的收入来源和竞争优势，重塑企业的商业模式。商业模式创新是在现有业务的基础上，发现一种不同的商业模式，通过寻找企业新的运营逻辑为利益相关者创造和捕获价值的新方法（Markides，2006）。Wang 等（2017）将商业模式创新定义为"通过提出新的价值主张、设计新的价值创造系统或构建原创的价值获取机制来创造新颖或重塑现有商业模式"。Clauss 等（2021）将商业模式创新定义为企业发现和采用新的价值主张、价值创造和价值获取的过程。现有研究从系统、要素、价值创造等不同角度对商业模式创新进行研究，因此商业模式创新在不同研究视角下有着不同的定义。系统观认为商业模式创新是设计一个新的或修改企业现有活动系统的过程（Amit 和 Zott，2010）。要素视角下的商业模式创新是指将原有商业模式拆分为不同的组成要素，并对其中某一要素或多个要素进行改变（Teece，2010）。Foss 和 Saebi（2017）将商业模式创新定义为"对企业商业模式的关键元素或连接这些元素的架构进行不同程度的改变"。活动系统视角下商业模式创新则是指在企业生命周期的某一阶段，对价值主张的更新，为利益相关者更好地创造价值并在此过程中获取价值的组织变革过程（Foss 等，2018）。

2）商业模式创新的维度

现有研究对商业模式创新的维度还没有明确的划分。有学者认为商业模式的组成要素在商业模式中发挥作用各不相同，任何组成要素的变化都可以称之为商业模式创新（Teece，2010）。

现有研究从不同角度对商业模式创新类型进行划分。一是从创新程度的角度进行分类。根据企业商业模式创新程度，学者们给出不同的划分类型。Osterwalder（2005）提出把商业模式创新程度从高到低划分为全新型、增量型和存量型。全新型创新就是创业者凭借对市场的敏锐洞察能力感知到市场机会的存在，并运用新型技术对新形成的市场实施创新；增量型创新就是对商业模式现有元素的某一个方面实施创新或者加入新元素；存量型创新就是基于现有分销渠道，获取新分销渠道来销售原商品。Witell 与 Löfgren（2013）按程度将商业模式创新划分为渐进式商业模式创新、增量式商业模式创新和激进式商业模式创新。Amit 与 Zott（2012）提出商业模式创新的 3 种基本形式：在原有商业模式上增加新的活动、用创新的方式安排活动、对部分进行活动的当事人进行变革。

二是构成要素视角。商业模式创新相关研究中被最广泛讨论的组成部分就是企业的价值主张创新。Osterwalder（2004）认为价值主张可以被定义为企业向顾客提供的一系列价值，价值主张创新被认为是整个商业模式创新过程中最重要的组成部分之一（Morris等，2005；Bashir和Verma，2016；Christensen等，2016）。另一个被广泛提及的要素是价值获取创新，是指企业如何获得收入来支付成本并实现利润（Christensen等，2016）。Clauss（2016）对商业模式以及商业模式创新的理论和概念进行了详尽的文献综述，并提出了商业模式创新的3个主要维度和10个子构想，包括价值创造创新、价值主张创新和价值获取创新。价值创造创新由4个子构想组成，即新功能、新技术/设备、新伙伴关系和新流程。价值获取创新包括2个子构想，分别是新收入模型和价值成本结构。价值主张创新有4个维度，分别是新产品、新客户和市场、新渠道和新客户关系。从现有研究来看，商业模式创新由价值主张创新、价值创造创新和价值获取创新构成已经取得广泛共识（Clauss，2017；Johnson，2008；Teece，2010）。具体来说，价值主张创新定义了面向消费者的新产品组合，以及企业如何创新地开发新消费者或细分市场（Chesbrough，2007）。价值创造创新阐述了一家企业如何通过组织资源和流程创新为消费者创造和提供价值（Achtenhagen等，2013）。价值获取创新定义了企业如何创新地构建收入模型和成本结构来捕获价值（Teece，2010）。

三是创新类型视角。Zott和Amit（2012）将商业模式创新分为以效率为中心的商业模式创新和以新颖性为中心的商业模式创新。以效率为中心的商业模式创新，改进了当前的商业模式，以降低企业的交易成本，主要是通过降低企业和各种参与者之间交易的复杂性，减少交易活动与各种利益相关者之间的信息不对称问题，减少交易过程中的错误情况。以新颖性为中心的商业模式创新，强调企业应在更广泛的范围内与新的交易方建立联系，采用与各方进行交易的新方法，设计和改进新的交易机制和激励措施等。Foss和Saebi（2017）确定了两种不同类型的商业模式创新：第一种类型被称作模块化的商业模式创新，强调商业模式单个组成部分的变化，如引入新的客户群体，改变收入模式或重新定义组织边界，以及引入新技术、构建新的价值网络等。第二种类型被称作商业模式创新的结构性改变，是商业模式组件间连接方式的改变。

3）商业模式创新的驱动力和阻碍

（1）商业模式创新的驱动力

通过对现有文献的梳理，本书发现商业模式创新的动力来源于外因和内因两方面。外因是指企业外部环境的变化，包括外部技术或竞争环境，机会或竞争一般会引发被动创新；内因是指由组织内部因素触发的包括个人特征、决策能力、领导者认知（Demil和Lecocq，2010；Sosna等，2010）以及灵活战略（Bock等，2012；Ghezzi等，2015）和组织学习（Sosna等，2010）的创新，一般是主动创新。

技术驱动。新技术的出现是商业模式创新的最广泛的驱动力。互联网技术促进了商业模式的创新，导致许多成功企业的诞生，如谷歌、亚马逊等（Amit和Zott，2001）。显然，技术进步激发了信息经济时代不同类型的技术创新（Jiang等，2012），技术创新必须通过商业模式才能推向市场（Li等，2021）。因此，为了满足客户的新要求并创造企业价值，需要适当的商业模式来有效利用企业技术创新。当原始的商业模式与不断变化的技术创新不匹配时，就有必要进行商业模式创新。因此，技术创新是商业模式创新的重要驱动力。

市场需求驱动。市场需求通常分为两种：一种是在拓展新市场时，新的细分市场为企业带来的新的需求；另一种是原有消费者需求的演化，原有细分市场提出新的消费需求。企业必须不断创新，以跟上市场需求。然而，潜在的市场需求不断增长，在达到甚至超过主要市场需求的情况下，单一元素的创新无法满足市场需求。因此，企业需要进行革命性改革。商业模式创新应该勇于改变各种因素，以满足不断增长的市场需求。与此同时，一个成功的商业模式可以创造新的市场需求。

行业竞争的压力驱动。夏清华等（2016）以零售行业为例，发现企业进行商业模式创新的可能性与行业竞争强度有关。因为一旦新进入者或行业革新者的新商业模式改变了行业的基本运行规律，那么行业内的其他企业会处于完全被动的局面。同时，由于同行业竞争的加剧，完全相同的模式会形成完全竞争市场使得原有商业模式逐渐丧失盈利性，因此行业竞争压力会给带来企业一种危机感，使企业从主观上进行商业模式的创新。经济环境的变化和激烈的竞争是企业进行商业模式创新的两个外部动机。因此，企业倾向于寻求更有效的战略，通过降低交易成本和加强内部和外部学习来应对环境和竞争带来的机会和威胁。作为一项激进的企业战略，商业模式创新是降低交易成本和加强学习机制的有效方法。因此，商业模式创新可以引导企业与他人合作，并在复杂的经济环境中保持其可持续的竞争优势（Morris 等，2005）。

制度因素驱动。政策制度常被认为是商业模式创新的重要驱动力。转型经济背景下政府对社会资源有着相当大的控制权，政府的政策制定以及对我国经济形势的把握都对企业进行商业模式创新有着重要作用，如通过推行"双创"政策驱动创新行为；加快数字化赋能传统产业转型，推动传统行业与数字技术结合，驱动传统行业的转型升级。

企业家驱动。企业家是实现商业模式创新的主要内部驱动力之一。企业家是企业的灵魂，也是企业发展的决策者（Dubosson-Torbay 等，2002）。了解企业内部情况和外部竞争环境是企业家进行商业模式创新的关键。企业家不仅是商业模式创新活动的发起者，也是实践者和领导者。对于新创企业而言，创业者有着较高的自由裁量权，创业者对企业资源配置、战略调整及创新策略实施等都具有决定性的作用。创业者的认知、能力、创业精神等个人特征对企业商业模式创新有着重要作用（罗作汉和唐英瑜，2019）。现有对创业者对商业模式创新影响的研究主要分为两类：一类是针对创业者可观测特征的研究。已有研究指出，企业家的行业经验是商业模式创新的重要前因（Sosna 等，2010；薛鸿博等，2019）。Bocken 和 Snihur（2020）的研究发现创业者社会资本对商业模式创新具有积极影响。另一类则针对创业者心理特征进行研究，包括认知风格和人格特质，这类研究相对较少（Gao，2022）。创业者心理特征常被认为是企业战略决策的影响因素，尤其是人格特质的差异被认为会产生不同的决策结果，从而影响企业商业模式创新的进程和效果。丁小洲等（2023）发现创业者的尽责性和亲和性对新创企业商业模式创新具有促进作用。Anwar 等（2019）发现管理者的外倾性、宜人性和体验开放性人格对商业模式创新具有显著的正向影响，神经质人格对商业模式创新有显著的负向影响，尽责性人格对商业模式创新的正向影响不显著。图2-4为商业模式创新驱动模型。

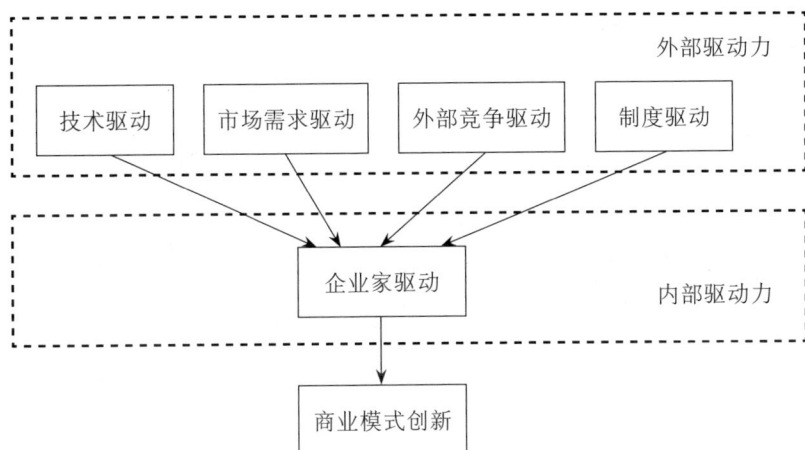

图2-4　商业模式创新驱动模型

（2）商业模式创新的阻碍

Rüb等（2017）发现商业模式创新存在两类障碍，包括内部和外部障碍。内部障碍主要源于企业组织惯性和新的要素变革与现有组织流程之间的冲突。尽管同行业其他竞争者的商业模式容易被观察和模仿，但模仿创新却并不容易。由于组织惯性企业会依赖其既有的常规、流程和经验并基于过往偏好持续进行实践。Dasilva和Trkman（2014）认为"路径依赖性"是威胁组织决策，包括商业模式创新决策的内部障碍之一。另外，Chesbrough（2010）将"冲突"视为商业模式创新另一内部障碍。因为创新商业模式可能涉及对现有销售模式和盈利模型的改进，这可能会扰乱企业现有业务之间的关系，形成对创新商业模式的阻碍。这种新旧模式间的冲突导致了管理者或是员工对尝试新商业模式的抵制。组织间的惯性也可能对商业模式创新产生负面影响。Bock等（2012）发现对合作伙伴的依赖会降低创新所需战略的灵活性，使企业陷入价值占用和模仿困境，不利于企业商业模式创新（Snihur等，2021）。外部障碍源于外部政策、竞争动荡以及突发事件带来的创新阻碍。Joshan和Maertens（2020）发现，政治局势的紧张和政治监管会造成企业低水平的自由度，不利于企业进行商业模式创新。突发事件也可能构成对商业模式创新的阻碍。Raj等（2022）发现新冠肺炎疫情导致的劳动力不足和资源短缺会对价值交付等价值相关子系统产生负面影响。Breier 等（2021）和 Harms 等（2021）均发现了新冠肺炎疫情等不可预测的危机对商业模式创新构成巨大挑战。

通过对商业模式创新驱动因素和阻碍因素的相关文献的梳理，本书发现驱动商业模式创新的因素主要有外部驱动因素和内部驱动因素。其中外部驱动因素通常包括来自技术、需求、竞争、制度这四个方面的变化，内部驱动则来源于企业家。本书发现无论是外部驱动还是内部驱动因素，商业模式创新最根本的驱动因素是企业家。因为企业家是感知外部环境变化并认识到需要对企业做出商业模式变革的最终决策者。从对文献的梳理可以发现，商业模式创新是企业依据外部环境变化对企业实施一种适应性的调整，对外部环境变化的不同感知和解读来源于企业家个体的差异性。同时，商业模式创新对组织而言并非易事，需要克服来自组织惯性和企业家思维惯性的阻碍。因此，从商业模式创新的驱动和阻碍因素来看，商业模式创新是企业家对外部环境的感知（即技术条件、市场条件、竞争环境和政策规定的变化），识别到有价值的机会并进一步对各种资源进行优化和整合，以满足市场需求、利用技术条件塑造企业核心竞争优势的过程。在此过程中，企业家通过充分发挥其所具有的预见性、冒险精神、创新精神和韧性，克服来自企业内外部的各种阻力，引领企业实现商业模式变革与创新。

4）商业模式创新的结果

商业模式创新是对企业原有商业模式进行创新的过程，是对价值的再创造（Zott 和 Amit，2007）。现有研究从竞争优势和企业绩效两方面探讨商业模式创新对企业的影响。一方面，商业模式创新被认为是动荡环境中竞争优势的关键来源，是企业在高环境波动时期应对不断变化的价值创造来源的一种有效的方法（Polle 和 Chapman，2006）。另一方面，商业模式创新差异是导致企业绩效不同的根本原因，被认为是企业间竞争的最高形态。研究商业模式创新能够解释为什么处于同一行业具有相似资源的企业绩效表现呈现显著的差异（Morris 等，2013）。

企业竞争优势。商业模式创新是企业竞争优势（Porter's competitive strategy）的显著预测因子。商业模式创新已经成为企业长期可持续发展的核心驱动力，因为它对价值创造、交付和企业可持续发展做出了显著和积极的贡献，并帮助新创企业抓住新的机遇（Yang等，2017；Evans等，2017）。企业通过提供新产品或添加新功能来取代现有产品，以获得可持续的竞争优势（Cucculelli和Bettinelli，2015）。当企业持续保持某一商业模式时，竞争对手会对此商业模式进行模仿，但与特定商业模式创新相关的社会复杂性和路径依赖性是竞争对手难以模仿的（Bashir等，2020），这要求企业进行持续性的商业模式变革，以获得比竞争对手更稳定的竞争地位。与反应型的商业模式创新相比，具有主动更新商业模式创新意识和能力的企业在动态市场中能够实现更高的价值，并获得更大的客户关注度（Hacklin等，2017）。

企业绩效。商业模式创新是影响企业绩效的重要因素（Weill等，2005；Zott和Amit，2007，2010；Foss和Saebi，2017）。IBM通过对全球765个企业的调查，发现了进行商业模式创新的企业较没有进行商业模式创新的企业有着更优秀的财务表现。商业模式创新是一种对企业的关键资源的有效利用，通过外包等方式降低了企业的生产成本和库存成本，引入新技术尤其是数字技术和通信技术优化了业务的关键流程，降低了组织内和组织间的沟通交易成本。通过降低运营成本，企业能够将更多资源用于为客户创造价值，使得企业绩效得到提升（Casadesus-Masanell和Zhu，2013）。Amit和Zott（2010）通过实证研究发现了以效率和新颖性为中心的商业模式创新能够对企业绩效产生积极的影响。以效率为中心的商业模式创新通过减少商业模式参与者之间交易的不确定性、复杂性和信息不对称性来实现交易效率的提升，从而提升企业绩效。以新颖为中心的商业模式通过连接以前未连接的各利益相关方或设计新的交易机制实现企业新的活动，通过提出新的价值主张吸引更多客户以提升企业绩效。新创企业缺乏资源，创新能力差，研发倾向低，在技术创新等需要大量投入的创新方面不具备能力和优势，因此有研究发现其可能会通过商业模式创新实现成长。Brannon和Wiklund（2016）认为商业模式创新是初创中小企业在动荡环境中提高绩效的重要方式，新创企业可以通过将有限资源投入到商业模式创新提升企业绩效，Baden-Fuller和Haefliger（2013）的研究发现，新创企业能够通过价值主张的创新拓宽营销渠道，减少客户与企业之间信息的不对称，因此能够更好地实现顾客价值的传递以更好地响应不断变化的客户需求。

5）现有研究评述

国内外学者对商业模式创新的内涵及影响因素已经开展了大量的研究。尤其是在数字经济、市场动荡加剧的新时代背景下，越来越多的学者把注意力集中在企业的商业模式创新上，认为无论是成熟企业还是初创企业都亟需超越单一产品、服务或者流程的创新，通过商业模式创新为企业获取竞争优势，提升企业绩效（Ghezzi 和 Cavallo，2020；Chesbrough，2010）。尽管已有研究发现了商业模式创新对新创企业绩效具有影响，然而商业模式创新如何影响新创企业的生存与成长尚缺乏深入讨论。对于商业模式创新如何作用于新创企业成长的机制仍旧缺乏关注（Guo 等，2022）。另外，现有研究从内外部两个角度出发探索商业模式创新的前因。而其中与商业模式创新有关的主观动机和认知机制等内部因素的研究处于起步阶段，尤其是对于新创企业而言，由于其规模有限，新创企业的创业者对企业的资源分配、决策制定具有"一锤定音"的作用。尽管已有学者研究了高层管理团队的规模，CEO 的双元性对采用商业模式创新的重要作用（Abebe 和 Myint，2018），但人格特质与企业商业模式创新采用之间的关系还没有被研究（丁小洲等，2023）。由高阶理论可知，组织的决策制定和行为结果受人口统计学及人格因素的影响。战略领域也对心理学视角下的企业管理研究给予肯定，企业管理者的决策难以用经济学的有限理性解释，因此，人格特质视角是审查企业商业模式创新决策的重要理论视角。

2.2.3 共享愿景的相关研究

1）共享愿景的内涵

愿景（vision）是心理学的一个概念，它反映了个体内心渴望能够归属某一项重要的任务、事业或使命的程度。如果愿景能够被群体普遍知晓并理解，就会为这个群体带来目标和方向感，从而促进群体中个体间的彼此认同并形成凝聚力（Nahapiet 和 Ghoshal，1998）。学者们采用共享愿景（shared vision）一词来描述这一情境。Tsai 和 Ghoshal（1998）将共享愿景定义为组织成员对企业价值观和目标的共同解释和理解，能够促使组织成员全面参与到组织目标的制定、沟通、传播和实现。Leana 等（1999）认为共享愿景是组织内个体与组织连接的程度，代表着组织内个体将个人目标置于集体目标之下的意愿。Chen（2015）认为共享愿景是一种组织对目标的定义和分享的能力。共享愿景实现了组织成员对组织目标和实现目标的行为方式的共同理解，因此能够将组织内的不同单位和员工个人联系起来（Colakoglu，2012）。从定义来看共享愿景包含两个方面的内容：一是为组织成员提供了一个共同商定的关于未来企业的形象或对一个集体面向未来方向的理解，这种理解是具有发展性且能够被追随者接受的；二是指组织成员所具有的一种情感承诺和实现愿景的热情。Jing 等（2014）的研究发现，组织内共享愿景主要分为两个阶段：一是愿景沟通，指的是团队的领导者将组织目标或方向传达并解释给员工的过程。二是愿景共享，指的是组织愿景融入组织中的程度，是一种对领导者和追随者愿景一致性的描述（Drath，2001）。共享愿景在不同规模的群体内有不同的表现。若为规模庞大的生态系统群体，那么共享愿景代表了组织之间的目标一致性。Li（2005）将组织间共享愿景定义为组织合作过程中形成的集体价值观、共同目标和整体信念，是不同组织间进行知识交流、共享与创造的重要纽带。若在组织内部，共享愿景则表示组织内个体间的目标一致性。

2）共享愿景的前因

现有研究从领导类型（Chai 等，2017）、创业愿景、利他动机（Du 等，2014）等方面探索了共享愿景的前因。

领导类型。不同领导类型对于组织共享愿景的构建有着不同的方式。变革型领导者不仅仅对组织愿景进行解释，同时还会说服他们的团队成员实现这一目标，并向他们展示如何做到这一点（Chai 等，2017）。通过这种方式，变革型领导者会帮助他们的团队成员分享、接受和实现组织愿景。对于交易型领导，会通过给予认可并奖励那些完成任务以达到目标的员工，形成对员工的激励以实现组织共享愿景的构建（Bass，1985）。有效的领导者致力于促进愿景和目标的实现，最大程度发挥团队成员的价值。有远见的领导人会关注影响共享愿景在组织内成功形成的几个方面：愿景的塑造、愿景的沟通、愿景的表达和愿景的执行

(Kantabutra，2008）。Stam 等（2014）强调了领导者的愿景沟通在形成追随者对领导者愿景的接受方面的作用。领导者不仅需要提出他们的愿景，更需要积极地传达愿景，通过行动来塑造他们的愿景，并激励和授权团队成员一起行动来实现愿景（Kantabutra 和 Avery，2010）。有远见的目标与层级间有效的沟通，加上追随者对领导者的有利归因（对领导者充满信心），组织成员的愿景会趋于与企业目标一致并且使追随者充满激情（Conger 和 Kanungo，1998；Galvin 等，2010）。

创业愿景。创业活动的启动阶段，创业者将新创企业视为自身需求的延伸，是创业者的直觉和整体思维的直接反映。创业愿景是新创企业面向未来的形象，用于激励创业者、员工和投资者迈向理想的未来，是盈利和持续经营企业的重要组成部分。Tessarolo（2007）认为企业要想使得资源和信息在组织内有着更高的配置效率，需要使员工目标与组织发展目标保持一致，这源于创业者在组织内分享的强有力的愿景。为了弥合当前局势和未来状态，需要创业团队的成员分享和沟通他们关于企业发展的想法并合力实现企业愿景，以避免由于目标与想法的差异使集体努力白费。创业愿景可以巩固团队成员之间的共识，增加相互信任并实现创业团队成员之间的资源共享。创业者提出的清晰而令人信服的愿景经常被认为是有效领导者的核心能力（Baum 等 1998；Greer 等，2012）。因此，创业者提出的清晰令人信服的愿景对于构建组织共享愿景有很大帮助。

3）共享愿景的结果

Tessarolo（2007）指出当一个强有力的愿景在组织间被分享时，企业发展目标与职能目标就能保持一致，这使得组织可以达到一个高效处理信息所需的协调水平。因此，一个组织具有较高程度的共享愿景，意味着组织内部具有良好的沟通和协调能力。共享愿景释放了来自组织管理中的几种主要的力量：承诺和激励、为人们的工作创造意义、建立卓越的标准以及连接现在和未来。因此，共享愿景是将目标转化成实践过程中的一个非常强大的工具。Daft（2005）发现当每个组织成员理解、分享和接受同一个愿景时，组织就会变得自我适应。员工作为追随者做出的决定、采取的行动都会朝着同一方向进行。共享愿景的过程常被称为将员工同化或制度化（Dvir等，2004）。追随者对听到愿景的行为和反应很重要，因为愿景反映了组织的核心目的和目标，并且可以帮助追随者确定哪种行为是重要、适当的还是微不足道的（Kantabutra 和 Avery，2010）。此外，当追随者在情感上投入时，他们愿意甚至渴望完全致力于使他们的组织能够成长和进步的东西（Nanus，1992）。因此，在情感上致力于领导者愿景的追随者可以影响个人绩效，并进一步影响组织绩效。

具体来说共享愿景的作用分为以下几个方面：

一是促进了组织成员的集体参与。共享愿景是集体参与的前提，它影响了集体参与所必需的基本心理条件——意义、心理安全和心理可用性。共享愿景使员工对工作更具使命感，使他们明确个人努力对实现组织目标的贡献。同时，共享愿景通过提供有关组织期望和未来方向的信息，减少员工对行为后果的不确定性和不可预测性，增强了员工的心理安全感（Rich等，2010）。通过提供一个统一的、面向未来的方向和集体目标，促进员工在工作上投入更多能力和情感（Carton等，2014）。甚至可以激励其员工，增强员工对工作的意愿以超出预期地完成工作目标（Sosik等，1998）。

二是改进了组织成员间的关系。共享愿景被认为有助于赋予员工权力和团结员工（Kouzes 和 Posner，1995；Peffer，1994）。通常情况下由于组织成员很难认同组织的价值观和目标，往往将自己的利益置于组织的利益之上（Bass，1985）。在共享愿景的作用下，基于对目标的一致性理解，员工个人利益与组织利益趋于一致，因此组织内成员因个人或者部门利益的冲突而引发的短视行为将大大减少（Colakoglu，2012）。组织成员可以像伙伴一样自由分享和交流资源、知识与信息（Tsai 和 Ghoshal，1998），这加强了组织内资源流动的效率。共享愿景为组织内成员搭建了统一的话语体系和思维模式，有效消除了组织成员间的沟通障碍，防止误解的发生，使得组织内沟通效率进一步提升。由于组织成员拥有共同的奋斗目标，共享愿景作为一种"黏合机制"激发组织成员共同的组织期望、抱负和身份认同感。

4）现有研究评述

共享愿景为组织成员提供了共同努力的目标和方向，使组织充满凝聚力和向心力，为组织提供了一个健康发展的生存环境。如果说创业愿景源于企业家的直觉和整体思维，那么为了弥合当前形势和未来发展，需要创业团队成员对企业的目标有着共同的理解，并合力实现这个想法，以避免因对目标理解的偏差造成徒劳的努力。共享愿景可以表达一个组织的集体目标和愿望，使组织拥有一个共同的战略方向（Mackie 和 Goethals，1987）。共享愿景在动员组织成员，实现组织内资源和信息流通，使组织成员目标与企业目标相匹配方面有着重要的作用，被认为是企业目标从构想到实现的重要手段。国外相关的研究已经开始重视共享愿景对组织绩效（Chen，2015）、竞争优势（Eldor，2020）的影响，并基于社会资本理论和组织学习理论，探讨了共享愿景在领导力和员工创造力之间的调节效应（Xu 等，2022）。但在国内相关研究还比较匮乏，组织文化和组织成员对目标实现的作用在创业创新领域还没有被广泛讨论，尤其是作为情境变量更是缺乏深入研究。共享愿景可以帮助员工在一个更宏观的环境中看待他们的工作（Vogus 和 Sutcliffe，2012），有助于建立共同感并为组织中的不同活动提供一致性。领导者可以清晰地传达共同的愿景，阐明如何实现目标，表现出自信和乐观，并积极地向员工推广规范和信念（Yukl，1998）。此外，共同的愿景可以为成员提供充分的参考和理想的目标，帮助他们相信能够成功地克服当前的挑战，并影响他们的行为，以成功地从事与任务有关的工作（Bass，1990）。因此，可以将共享愿景视为组织资源交换、整合和对组织行为和结果产生积极影响的边界机制。

2.2.4　新创企业成长的相关研究

1）新创企业的界定及特征

当前，有关学者对于新创企业的定义尚未形成一致看法。通过对前人文献的系统性梳理发现在对新创企业定义时，主要从两个角度出发：一是以创立时间为基准进行界定；二是从生命周期视角对新创企业进行界定。从创立时间角度来看，创立期在 42 个月到 8 年的企业都被视为新创企业。根据全球创业观察 GEM 报告，新创企业是指由创业者个人创建不大于 42 个月的企业。Weiss（1981）以企业开始盈利的时间为标准，认为新创企业是创立期为 7 年以下的企业。但企业发展的速度不一致，使得单纯地考虑时间维度不足以看出企业所处的阶段。因此，又出现生命周期视角下的理论界定。新创企业在发展过程中，需要经过新生期、成长期、成熟期直至衰退期等多个阶段。Adison 等（2004）认为处于孕育期、新生期、少年期、青春期的企业是新创企业。结合创立时间角度和生命周期角度，现有研究对新创企业的一致性定义是成立时间小于 8 年或还未形成可持续竞争优势且尚未处于稳定盈利状态的企业（杨俊和张玉利等，2009；董保宝等，2017）。汪少华和佳蕾（2003）通过对浙江新创企业的观察发现新创企业具有规模小、成长速度快、对环境适应能力强、能承受某些高风险创业活动的特点。尹苗苗等（2014）和彭伟等（2015）认为新创企业具有内部资源匮乏和外部合法性不足的特点，这导致新创企业在开展各类创业活动时缺乏必要的资源保障，由于缺乏外部组织中的认可，企业外部获取资源的能力也相当有限。任荣伟等（2014）基于新创企业初创期非正规性和缺乏合法性的特点，发现新创企业具有"初创弱性"的特点，通过对大量失败初创企业的观察发现其具有的普遍特征是内部资源的匮乏和环境适应能力以及抗风险能力较差。财务、人力和无形资源的缺乏使得新创企业有着更高的失败率。Freeman 和 Engel（1983）认为新创企业在资金、人才和管理上都处于劣势。尤其是新创企业尚未建立标准的流程或例行程序，在很大程度上依赖于不熟悉的员工合作来处理企业日常问题，但由于员工之间尚未建立信任，因此新企业往往无法保持可靠的业绩，也无法与成熟企业有效竞争。这些新创企业的特点解释了为什么新创企业创业失败率高，持续发展能力弱的问题。Jafari-Sadeghi 等（2022）、BalaSubrahmanya 和 Loganathan（2021）提出初创中小企业资金短缺，创业和管理能力差，营销和技术适应水平低，生产力低等特点制约着企业的发展。

2）新创企业成长的概念

由企业成长理论可知，企业成长通常被定义为管理者对环境要素的识别和利用、对内外部资源的获取与整合，将企业由小变大、由弱变强并形成适应环境能力的可持续的增长过程（邬爱其，2004；曾志伟，1999）。企业成长对于新创企业而言具有更加深远的意义，是新创企业追求的主要目标（胡望斌等，2009）。Gilbert等（2006）指出对于成熟企业来说企业成长是对已有生存能力的维持，因为成熟企业已经度过生死存亡的关键时期，具备了稳定的生存和发展能力。但对于新创企业而言，由于其在资源获取、合法性等方面存在先天的劣势，所以新创企业成长能力是指企业能否克服新进入缺陷并获得生存的能力。Shephard等（2000）发现新进入缺陷得到响应的速度和程度是一些新创企业能够生存和成长而另一些新创企业无法生存和成长的根本原因。新创企业成长意味着企业资源的获取和能力的提升。新创企业成长是一个持续获得资源的过程，如果企业创立伊始缺乏资源那么它必须以特定方式获得更多资源，以突破资源限制实现创业成功。一旦企业获得资源，新创企业的首要任务是有效地利用资源，塑造一种快速适应环境变化的能力，促进初创企业的生存和发展（Eshima，2017）。从创新能力的角度来看，新创企业成长是发展自己的创新能力，主要包括外部创新能力和内部创新能力。外部创新能力是指洞察外部环境并根据外部环境调整企业战略的能力。内部创新能力是指企业产品和服务的创新。具有良好创新能力的新创企业可以迅速成长（Geroski，2000）。从合法性的角度来看，新创企业的成长意味着得到客户和外部企业的认可使企业声誉和市场占有率持续提升，代表新创企业能够站稳脚并持续发展。

3）新创企业成长的前因

现有研究形成了很多企业成长的模型用于解释企业成长或为企业成长提供预测。Sandberg早在1986年就提出了企业成长模型，发现企业成长是创业者、行业结构与战略的函数。Chrisman等（1998）扩展了Sandberg（1986）的模型，提出企业成长模型中还应该增加资源、组织结构、流程和系统的因素。随后Timmons（1999）提出创业三要素模型，将商机、资源和团队视为企业成长的基础，强调机会对于企业创建与发展的重要作用。通过对现有理论模型的梳理发现，新创企业成长的前因主要包括创业者、资源与能力、战略、创新以及团队。

一是创业者因素。在企业发展初期和成长期，企业表现出对创业者的极度依赖，因此目前有众多研究强调了创业者对于新创企业成长的作用。企业是创业者信念的延伸，这使得许多研究人员专注于最有可能影响企业发展的创业者的个体特征。根据高阶理论，高管的领导理念是战略行动的前提，企业成长一定程度上取决于高管的人格特质、价值观和经验以及风险倾向和动机。现有研究从创业者的年龄、教育背景、关系网络、先前经验等特征的角度探索创业者特征对新创企业成长的影响。Tang 和 Murphy（2012）发现创业者年龄与企业成长正相关。Kirzner（1983）的研究发现创业者的受教育水平对创业者知识的获取以及资源的部署具有一定影响。田莉和龙丹（2009）发现创业者先前经验能够有效提升创业者决策能力，进一步提高新创企业绩效。张秀娥（2014）的研究证实了创业者的社会网络对于企业从外部获取资源的促进作用。还有少量研究关注创业者人格特质在新创企业成长过程中的作用，Ciavarella（2004）使用大五人格对创业者人格特质进行测量发现创业者的责任感对新创企业有显著影响，而其他人格特质作用效果不明显。Busenitz 和 Barney（1997）发现人格特质决定了创业者的决策偏好风格，进一步在创业机会的识别、资源利用等方面产生影响。由此发现，创业者能够通过机会的识别与把握，资源的获取与利用，决策的制定与实施，团队的搭建与引领对新创企业产生影响。

二是企业资源与能力因素。基于企业成长理论，新创企业成长是一个不断获取资源的过程。企业初始资源对于新企业的发展至关重要，它决定了企业初期发展的潜力。但是，大多数新创企业存在资源短缺的问题，因此需要以特定的方式获取更多的资源，以突破资源约束实现创业成功。一部分研究关注了新创企业如何获取资源的问题，如资源拼凑、关系嵌入、跨界搜寻都被认为是企业获取资源的重要方式（Batjargal等，2013）。一旦新创企业能够开发、获取或利用某些有价值的、罕见的、无与伦比的和不可替代的关键资源，它们可能会获得可持续的竞争优势，并在市场上有更好的表现（Barney，2001）。另一方面，能力也被认为是新创企业成长的重要前因。在企业内生性成长视角下 Hamel 和Prahalad（1990）强调学习能力对于企业核心能力构建的作用。Teece（1997）提出动态能力理论以解释企业成长的原因，其认为企业需要具有适应外部环境变化的能力，企业应根据外部环境变化做出适当调整。Eshima 和 Anderson（2017）指出新创企业的首要任务是科学地利用资源搜寻和利用创业机会，从而快速适应环境的变化，以促进初创企业的生存和发展。

三是企业战略因素。企业不同的战略方向会决定新创企业是否能够实现成长。一些研究强调差异化战略对新创企业成长的促进作用。Chandler 和 Hanks（1994）发现追求质量差异化战略的企业在拥有支持质量战略的资源时表现出更高的市场份额、销售额和现金流的增长。McGee 等（1995）发现强调营销差异化和技术差异化战略的企业具有更高的销售增长水平。McDougall 等（1994）发现具有高成长性的新创企业更强调新产品的开发，新的分销渠道的开拓，以及品牌知名度的打造。因此其投入更多资金在广告和促销上，强调组织营销方面的专业知识，并且不注重成本结构。

四是企业创新因素。创新是企业成长的根本动力。根据熊彼特创新理论，创新实现了对新的生产要素的引入和对原有生产要素的重组，因此创新被认为是企业成长的重要因素。企业的技术创新（Grossman 和Helpman，1994）、制度创新、产品和工艺创新（徐英吉和徐向艺，2007）对处于不同生命周期阶段的企业产生了影响。对于新创企业来说新生劣势加剧了其生存的难度，因此新创企业更应通过创新将新思想、新技术应用于企业的创立和成长之中，通过创新塑造企业核心竞争优势，为市场创造价值。近些年来学者们开始关注企业的商业模式创新对于新创企业成长的作用，其被认为是克服企业新进入缺陷最直接、最相关的机制。良好的商业模式可以有效克服新创企业的进入缺陷在短期内创造价值，实现新创企业的快速增长，甚至能够使新创企业与成熟企业处于同一高度（Zott 和 Amit，2010）。

五是团队因素。组织内的愿景被证实对处于初创期规模较小的企业有着重要的影响。Baum 等（1998）指出，初创企业具有更简单、更一体化的组织结构，人员更少，等级更少，工作细分更少。领导者和员工之间有着更小的物理和心理距离，因此初创企业的领导者能够更直接地影响员工，对他们有效地监督并追究员工的责任。鉴于新创企业员工及其领导者之间密切的工作关系，愿景的影响可能会被放大。新创企业中员工和领导者之间的互动可能是相对频繁和直接的，因此领导者的愿景能够对组织内员工的行为产生强大的影响。善于分享愿景的领导者会导致更高的心理所有权和参与度。Jing 等（2014）的研究发现愿景的沟通和愿景的共享对新创小规模企业的绩效有着显著的促进作用。

4）新创企业成长的过程

从生命周期的角度来看，企业的成长可以分为初创期、成长期、成熟期和衰退期（Fisher 等，2016）。在生命周期的不同阶段企业具有不同的目标。在企业孕育期组织通常具有规模小、资源匮乏、组织结构不完善、缺乏合法性的特点。在这个阶段企业的所有者通常需要身兼数职，承担企业的大部分工作，缺乏正规的管理制度，这些客观的因素可能会导致企业缺乏洞察环境变化的能力。企业面临的主要问题是"活下来"，因此在这一阶段企业将主要的目标集中在生产和制造单一的产品或服务上以探索市场。同时企业面临较高的投资风险，因为投资失败将直接导致企业的灭亡。

经过了生存期，企业进入了早期的成长阶段。在这一阶段组织的结构仍然是处于不健全的状态。此时企业已经拥有了核心的产品或者服务，随着技术的成熟企业开始注重产品和服务质量的提高，因此随着市场需求的不断提升，企业规模也在不断扩大。在企业高速成长阶段，企业常常面临资金不足和竞争激烈的困境。此时员工对于组织的作用逐渐凸显，企业内的员工可以接受来自组织的使命与目标并将其视为己任，帮助组织完成目标。如果在此时拥有具有强烈人格魅力的领导者，会为组织提供明确的方向与目标，从而实现企业的持续性高速成长。

第三阶段，新创企业进入生命周期中的程序化阶段。此时企业所提供的产品或者服务已经打开了市场并获得了合法性，企业进入稳定盈利的阶段。此时企业产品或者服务可能会遭遇激烈的行业竞争，导致企业的整个销售增长率相较于高速成长期趋平稳状态。在这个阶段，组织已经具备了较为完整的组织架构、工作流程和商业模式。企业面临的主要问题是市场进一步扩大的阻力以及组织惯性。此时组织开始有倾向性地对员工进行授权，运营趋于稳定的状态。

第四阶段，企业开始进入苦心经营的阶段，在这个阶段企业从初创期步入到成熟期甚至是衰退期。制度的规范化使得企业一般性事务能够流程化地处理，但也容易产生官僚主义且缺乏创新精神，因此企业的技术、产品或服务开始落后于竞争对手导致企业绩效的负向增长，此时企业往往需要通过转型谋求生机，企业的成长动机被显著弱化。通过对新创企业成长过程的回顾，我们发现了新创企业成长性较为突出的时期是孕育和成长时期，因此本书着重关注新创企业初创期（生存和成长阶段）的主要创业活动。

5）现有研究评述

从新创企业成长的现有研究来看，国内外学者对新创企业成长的内涵和影响因素展开了广泛的研究，尤其是近些年来，在我国创新创业政策的助推下，涌现了大量对于新创企业的研究。通过对新创企业相关文献的梳理发现，创业者作为一种不可模仿的企业资源，在新创企业成长中起到重要的作用。创业者通过个人显性特征（年龄、教育背景、工作经验）或隐性特征（社会网络、个人能力和人格特质）对企业的机会发现、战略制定和企业决策、创业活动都产生了重要的影响。但从创业者人格特质角度去探寻新创企业成长的原因的研究明显不足。此外，新创企业具有"新进入者缺陷"，如何克服这一缺陷以减少企业的高失败率一直是学者们关注的焦点，但是现有研究多探讨了资源获取、动态能力对新创企业成长的作用，对于商业模式创新的关注远不及对成熟企业的探讨。因此，本书关注 VUCA（多变性（volatility）、不确定性（uncertainty）、复杂性（complexity）和模糊性（ambiguity））环境下新创企业的成长问题，重点关注创业者的人格特质、商业模式创新以及团队因素对于新创企业的促进作用。除此之外还试图分析这些新创企业影响因素是如何帮助新创企业克服新进入缺陷并实现高成长性的内在机制的，试图构建新创企业成长的新理论模型。

2.2.5 变量间关系研究评述

本书将研究对象聚焦于新创企业，并聚焦于 VUCA 情境下的新创企业成长问题，针对理论模型主要变量之间的关系，本书提出以下重要发现和评述：

第一，现有研究对创业者人格特质是否以及如何影响新创企业的成长问题研究不足。已有研究证实了个人特征，如对成就的需求、控制点、自我效能、冒险倾向、工作经验等，是创业行为的重要前提（Vij 和 Bedi，2012）。尽管这些关于个性和创业行动的元分析发现了个体心理方面对于创业研究的贡献，但也同时表明缺乏对将个体特征纳入创业过程视角的进一步研究。新创企业的领导和管理比大公司更显著、更直接。创业者在决策中的权威和他们的普遍影响力显著影响着企业的战略、文化和行动，因此对新创企业的生存和发展至关重要。因此，本书提出通过个体心理变量即个体人格特质来解释创业企业的成长。

第二，现有研究缺少对创业者人格特质如何驱动企业商业模式创新这一问题的深入剖析。对于采用创新的组织来说，关键的创新问题是如何管理创新以实现适应的组织变革（Damanpour 和 Wischnevsky，2006），然而关于人格特质与创新采用之间的关系没有被发现。商业模式创新是企业探索现有经营方式的替代方案，并了解如何以不同的方式满足客户需求的一种创新（Nidumolu 等，2009），比产品和服务创新更重要。尽管 Anwar 等（2018）的研究从大五人格角度提出了外向型、宜人性等人格对商业模式创新有积极的影响，发现了企业管理者人格特质对企业商业模式创新的显著预测作用，为本书的研究奠定了基础，但其仍局限于一般人格特质，尚未有学者建立起创业者专有人格特质与企业层面行为尤其是商业模式创新之间的实证关系。

第三，现有研究中有从企业资源、能力等角度深入探讨新创企业成长的原因，但鲜有学者同时从创业者人格特质和商业模式创新的视角深入挖掘新创企业成长的形成机制。尽管商业模式创新的研究已经取得了广泛的研究成果，但现有商业模式创新研究主要集中于企业绩效，缺乏对新创企业商业模式创新的关注。同时，鲜有学者基于商业模式创新子维度（价值主张、价值创造和价值获取创新方面）对其与新创企业绩效的关系进行深入探讨。尚未深入解释创业者的人格特质如何通过作用于企业商业模式创新实现新创企业成长的作用路径。更鲜有学者将新创企业置于 VUVA 情境下进行研究。

第四，现有研究缺乏对新创企业商业模式创新过程中的边界条件的关注。在企业商业模式创新的过程中，创业者需要根据外部环境的变化制定企业商业模式创新相关战略，组织成员对于这一过程的参与直接决定了这一战略的执行情况。然而，现有学者大多关注外部情境下企业商业模式创新，对于企业内部因素——共享愿景的研究尚未引起学者的广泛关注，处于起步阶段，部分学者认为共享愿景能够塑造组织氛围、影响组织成员特质发挥、增强组织凝聚力，但是将共享愿景作为组织商业模式创新行为形成的环境，聚焦共享愿景的调节效应，挖掘新创企业商业模式创新形成的过程机制的边界条件的研究较少。

2.3　本章小结

本章对本书涉及的相关理论基础进行了系统梳理，对相关变量的已有研究进行了文献综述。通过总结相关理论基础与相关变量的既有研究，剖析现有研究存在的不足与局限性，为后续建立理论模型、做出研究假设提供一定的理论支撑。具体来讲，理论基础方面着重对高阶理论、熊彼特创新理论以及企业成长理论进行梳理和概括，阐述了各理论发展脉络，并概述了其内涵及重要理论观点。在相关概念的文献综述部分，梳理了创业者人格特质、商业模式创新、共享愿景、新创企业成长各核心构想的相关研究。对各个核心变量的内涵、前因、结果以及作用机理进行了详细论述。

3 案例研究与理论模型构建

为深入探究创业者人格特质对新创企业成长作用的机理，本章对多地具有新颖商业模式的企业进行长期跟踪调研。在对前文理论梳理的基础上，进一步通过案例研究探索创业者人格特质、商业模式创新、新创企业成长间的逻辑关系。首先，根据研究问题对研究方案进行设计，选择探索性多案例的方法采用实地走访、现场观察等方式进行第一轮调研，后又通过视频语音或电话的方式进行补充访谈，搜集案例数据并构建了案例研究数据库。其次，采用案例研究和理论分析交互验证的方式，对各个变量的内涵进行界定。最后，对创业者人格特质（创造力、成就需求与风险承担性）、商业模式创新、共享愿景、新创企业成长这几个核心构念之间的关系进行探索，构建起本书的理论模型，为进一步的理论假设提出以及大样本的实证检验奠定基础。

3.1 研究设计

3.1.1 研究问题的提出

尽管学者们开始关注新创企业的成长问题，但有关创业者人格特质这一企业关键成长要素的研究仍屈指可数。现有研究尚缺乏通过创业者人格特质视角，探寻创业者是如何通过促进企业商业模式创新行为，进而作用于企业生存和成长的。理论研究的不足与现实问题的困扰引发了一系列尚待研究的问题：具有高成长性的企业的创业者是否拥有某些共同的人格特质？创业者人格特质是否会影响企业商业模式创新行为？商业模式创新是否在创业者人格特质与企业成长之间起到中介作用？共享愿景这一情境因素能否在创业者人格特质与商业模式创新之间发挥调节作用？解决这些问题将有利于解释创业者人格特质为什么会对企业成长产生影响。本章结合几个典型案例构建本书的理论模型，并进一步完善研究框架，为后文的实证研究奠定理论基础。

3.1.2 研究方法的选择

本书主要探讨的是创业者的人格特质对新创企业成长性的作用路径，属于"是什么"和"怎么样"的问题（Yin，2013），因此使用案例研究的方法进行。根据研究目的不同案例研究通常分为3种类型，即探索性案例研究、描述性案例研究以及解释性案例研究。探索性的案例研究通常用于界定构念和假设，以及探索构念间的作用机制。探索性案例研究具有较为广泛的应用，通过对资料的搜集和分析尝试获得对构念间关系的新发现和新观点。围绕研究问题构建出全新的理论模型并提出构念关系的合理命题假设，为后续开展实证研究奠定理论基础（王军，2012）。描述性案例研究通常用于描述所观察到的实际现象，在对研究问题有着基本认识的基础上，对事物的演变过程以讲故事的方式进行详尽的、描述性的过程分析。解释性案例研究则用于解释某一现象发生的过程及原因，其更侧重于对已有的理论进行验证和补充，通过搜寻与现有理论相关的现象进行归纳，揭示现象之间的潜在逻辑并验证已有理论框架的有效性（陈晓萍，2012）。根据研究中案例数量的多少来划分研究类型，可以将案例研究分为单案例以及多案例研究。单案例研究是针对特定的案例样本进行的深入研究，通过研究案例对现有的理论进行解释或发现新的现象和理论。多案例研究则是在单案例的基础上，从多角度反映变量间关系的全貌，通过相同方法对不同案例进行研究得出相似结论，提高案例研究的科学性和有效性。通过多案例多次对变量间关系的命题进行印证，在这一过程中对比分析案例之间的异同点，跨案例分析找出案例之间的共同之处验证模型的可靠性。

本书采用探索性多案例的研究方法开展案例研究，主要基于以下两点原因：一方面，因为本书旨在探索创业者人格特质对新创企业成长的作用路径，尤其是加入商业模式创新和共享愿景等构念的作用，因此需要使用探索性的案例研究挖掘构念间可能存在的作用关系。尽管已有学者开始关注创业者的特质对企业的作用，但对于人格特质的关注以及这些特质是如何影响企业行为，进而影响企业产出这些问题尚缺乏理论基础和内在机理的解释，因此适合采用探索性案例研究的方法，以明确构念间可能存在的作用关系（Yin，2003）。另一方面，本书涉及多个构念间较为复杂的关系，因此需要使用多个案例，通过跨案例的分析重复性地验证实践背后的理论模型以增加理论的饱和度，使理论模型更加科学和完整。案例研究过程如图3-1所示。

3.1.3 案例选择

本书的案例通过理论抽样（theoretical sampling）进行。所谓理论抽样，主要是从研究对象出发，根据理论而非统计概念进行抽样，对有关构念之间所具有的逻辑关系进行观察和扩展（陈晓萍，2012）。创业者人格特质、商业模式创新、新创企业成长之间的关系在理论上尚缺乏定论，通过理论抽样的方式能够深入探索研究对象的发展过程，从现象中提炼构念并通过对案例的梳理构建构念间的关系，以弥补现有理论的不足（George和Bock，2011）。本书在案例的选取上遵循了如下原则：

```
                    ┌──────────┐
                    │  理论构建  │
                    └────┬─────┘
              ┌──────────┴──────────┐
        ┌─────┴─────┐        ┌──────┴─────┐
        │  计划制订  │        │  案例选择  │
        └─────┬─────┘        └──────┬─────┘
    ┌─────┬───┴────┬────────┬───────┴─┐
┌───┴──┐ ┌┴─────┐ ┌┴─────┐ ┌┴─────┐
│单案例1│ │单案例2│ │单案例3│ │单案例4│
└──────┘ └──────┘ └──────┘ └──────┘
```

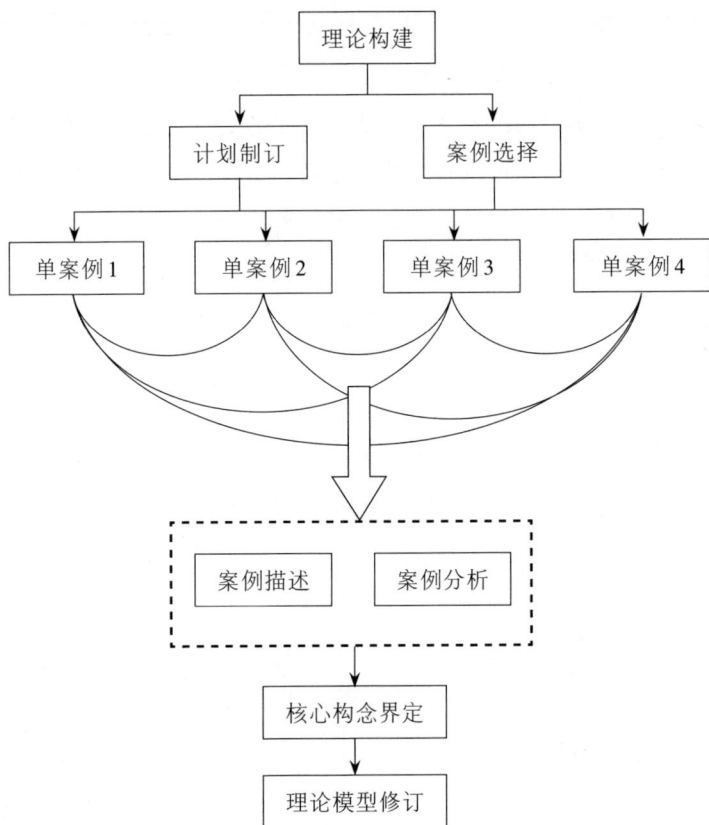

图 3-1　案例研究过程

一是遵循了案例研究的典型性原则。本书选取的 4 家案例企业，均在其初创期多次进行商业模式创新，并实现了高速的成长，是通过商业模式创新取得企业高成长性的典型代表。同时，选取的 4 家被调研企业的创业者具有鲜明的个人特征，以其强烈的个人风格指导着企业的管理实践，因此本书 4 个案例的选取符合案例研究的典型性原则。二是遵循了数据可获取性和完整性的原则。本书所涉及的企业为与本团队建立"产学研"合作的单位以及本校社会实践基地的合作单位，创业者能够为研究提供内部资料，并支持进行多轮访谈。调研小组采取赴实地调研、视频采访、电子邮件的方式，并利用企业宣传册和企业内部资料获得翔实的数据。被调研企业均具有可回溯的数据与充足的信息链，能够保证现象的完整性。

　　基于以上原则，本书取得了地处成都市、广州市、长沙市、重庆市、北京市、长春市6家公司的授权。结合案例选取的原则最后选取了其中的4家公司进行了深度调研，本书涉及的案例样本数量是4例，处于多案例研究最优案例数量（3~7个案例）区间之内（Berg，2016）。从保密原则出发，本书将案例研究涉及的4家企业的名称以及各企业受访者的姓名做匿名化处理，用A，B，C，D来代指4家案例企业，姓名首字母代指创业者姓名。详细信息见表3-1。

表3-1　　　　　　　　　　　案例企业情况描述

编号	受访人	成立时间	主营业务	所在地	企业成长性	资料搜集方式
企业A	XYG	2014年	大宗商品运输	成都市	2019年公司平台GMV超过450亿元，环比增长105%；网络货运业务承运量超过1.5亿吨，环比增长500%	与创始人以及部分团队成员访谈获取；企业官方网站；宣传手册；官媒报道
企业B	LLZ	2004年	家具定制	广州市	成立不足8年就已经在全国开设2 000家门店，在职员工超20 000人	
企业C	ZMY	2007年	企业服务平台	重庆市	成立不到3年平台总交易额突破1亿元，是行业首家营运额破亿的企业	
企业D	WJ	2015年	速溶咖啡	长沙市	2018年销售额增长率达374%；2019—2021年平台销量全品类第一名	

　　案例A：企业A创建于2014年6月，被访问者是企业的创始人和企业的核心成员。企业A为一家致力于实现大宗产业链数字化、可视化和智能化的大宗商品运输公司。其以新颖的模式和创新型的系统向产业链上下游参与交易的各个企业提供交易服务和物流支持。其所拥有的地磅

感知系统、门禁感知系统、土方清运感知系统、货物流向管控系统以及"互联网+分布式产业链运输模式"使其成为新基建行业的领导者。仅2019年就实现了较前一年销售量5倍的增长。创始人XYG以其对市场的独特判断和对企业的精准调控，使得企业成为具有极大潜力和发展活力的产业互联网科技公司。企业创立伊始，创始人XYG就借着消费互联网向产业互联网转型的东风，借鉴已有互联网平台的商业模式，通过地推方式大量获取用户并在全国各地设立办事点。借助平台实现货车与货物的匹配，向平台的司机端用户收取会费实现变现。在大量的资本投入过后，遭遇了客户多、难变现的生存瓶颈，由此开始了第一次商业模式创新。XYG将平台分散的用户以产业链为轴进行分类，在不断完善和调整现有模式之后形成了以分布式网络为基础，以多式联运、多方协同为核心能力的大宗商品物流产业链的模式。在企业发展的过程中XYG又发现了新兴数字技术的潜在优势，并借此接连打造了包括智能运输系统、交易智能系统和数据智能系统在内的多个大型智能管理系统，实现了商业模式中企业流程的创新。2019年，公司平台GMV超过450亿元，环比增长105%；网络货运业务承运量超过1.5亿吨，环比增长500%。2020年，国家提出了"新基建"的政策方针，XYG快速把握这一政策背后涌现的新需求，将大产业物流迅速带入"新基建"情境开展了针对新基建的物流解决方案。被行业权威机构授予"中国物流创新奖"的称号，彰显了企业的成长潜力和价值。XYG作为企业的决策者和控制人，深知团队成员在互联网时代下对于企业创新的重要意义。他将企业员工视为企业进行快速业态迭代与创新的重要保证，是推动企业进行变革的重要参与者。企业A通过建立团队成员分组协作的机制，充分发挥团队成员协作与决策方面的能力。同时，XYG重视与团队成员之间的沟通，鼓励成员发挥自身主观能动性，以保持企业的活力和主动性。

案例B：企业B创建于2004年，被访问者是企业的创始人和企业的核心成员。企业B是一家全屋家具定制公司，以IT技术为背景将家具定制与软件结合，开辟"大规模个性化家具定制"的先河。在行业内首创"C2B+O2O"的商业模式并凭此迅速抢占行业市场份额，2009年一年新开超200家店面，是我国智能制造领域的示范企业。被《商业评论》誉为"最佳商业模式"。创始人LLZ享有"中国商业创意人物"的称号。其在创建企业B之前从事家装设计软件的开发工作，在其洞察到家居行业的客户内心深处的定制化需求之后，萌生了一个大胆的想法：凭借自身技术优势"通过软件信息化和生产智能化改造传统家具行业"，由此创建了企业B。最开始LLZ通过对家装设计软件的应用满足了消费者的个性化需求，创建了"免费设计+委托加工"的经营模式，其价值主张是"提供能让顾客充分参与的家装设计"，依托其软件设计出满足消费者需求的定制化产品，委托家具厂加工实现价值创造。这一家装领域的全新模式迅速为企业B打开了市场，并迅速在全国开办了几十家门店。企业B打破了传统家具行业的标准化供应模式，运用软件程序赋能家具定制的前端。但这对于LLZ来说显然不够，他始终不忘"改造传统家具行业"的初衷并不断奋进着，因此他总在不断反思现有模式如何更加精进的问题。很快他发现了委托加工方式导致产品质量上的缺陷，LLZ持续追加资金继续投入企业生产线的建设，实现对生产端的数字化赋能。虽然这并非LLZ擅长的领域，但他仍投入大量资金用于柔性生产线的建设，通过改进生产线为各利益相关方创造价值。LLZ关注于对大数据等新兴技术资源的利用，获取大量的平台数据并引入云计算这一技术打造数字化的生产线，解决了消费者个性化需求与规模化生产之间的矛盾，实现了行业内定制与规模化的矛盾，又一次抢占了"先发优势"。在营销渠道方面，为了摆脱传统家装行业高昂的获客成本，企业B采用线上线下一体化的销售模式，这一举措减少了企业运营的固定成本，为企业获取更多的利润。如今，企业B在全国拥有加盟店2 000多家和80多家直营门店，在佛山、无锡、成都设有生产基地。企业B还为设计师打造冒险岛的工作平台，在平台上不仅能够实现设计图纸的共享，同时还能得到顾客的评价，设计师通过上传设计图以及收获顾客好评的方式获得积分，可以兑换成不同金额的奖金。

案例C：企业C成立于2007年，被访问者是企业的创始人及企业的核心成员。企业C是一家企业综合性服务平台，平台对接供需双方需求，为企业提供财税、法务、知识产权等综合性的服务。2018年，企业C被评为服务行业领域的"独角兽",其创始人ZMY被评选为2018年中国十大创客。在企业创立伊始ZMY就感知到了由互联网所带来的市场需求,尤其是企业服务这一领域。在当时以淘宝为首的线上交易平台已经获得了日销售量6.2万件的成绩,淘宝模式能否迁移到企业服务领域,这一构想成了ZMY创办企业C的重要因素之一。他搭建了用于交易知识的服务网站,使策划与创意像商品一样在平台上实现了售卖。他因此放弃了稳定的工作职位,开始了创业之路。ZMY立志通过服务众包为企业提供便利,实现人才的聚集和利用,成为企业服务行业的"淘宝"。在企业发展的过程中,企业C通过提供企业设立方面的相关代理服务逐渐摸索出以"交易+佣金"为主的盈利模式。但这一商业模式很快就被同行业的其他竞争者复制。当同行依靠烧钱打广告抢占市场并获得高额利润时,ZMY始终坚持不盲目参与到同行业的价格竞争之中,而是以客户为中心塑造扎实的服务质量靠坚持"活"到了最后。但坚持仅仅为企业带来了生存的可能,企业C仍旧缺乏实现由生存到成长的突破路径。为了解决这一问题ZMY开始了商业模式创新的实践。他发现要想突破成长瓶颈仅仅完善服务是不够的,而是需要做出更彻底的变革。ZMY决定一改往原有的定价模式,直接免除佣金开展"数据海洋+钻井平台"的纵向服务链延伸模式。以客户平台数据为依托,充分分析客户需求不断往服务领域纵深,挖掘数据背后的"黄金"。如今,企业C以平台为中心构建起集金融、制造、知识产权、场地租赁于一体的综合企业服务平台。累计服务企业10万家,平台使用客户量100万人次,并荣获"中国互联网百强企业"的称号。在企业C发展的过程中,ZMY戏称给员工"画饼"的必要性,ZMY在企业内多次开展代号为"腾云"的行动,带领组织成员实现对企业商业模式创新的多轮迭代,最终开发出具有可持续竞争优势的企业经营模式。

案例D:企业D成立于2015年,被访者是企业的创始人以及企业的核心成员。企业D是一家快消产品公司,主营速溶咖啡业务。2018年企业成立不足3年,销售额较前一年实现了接近400%的增长,从众多咖啡消费品牌中脱颖而出,迅速成为速溶咖啡头部企业。顾客消费需求的升级给快消产品提供了新的成长机会,WJ正是发现了这一市场前景创办了企业 D。在头部企业已占据绝大部分市场份额的行业竞争格局下，企业 D 精准把握细分市场，为顾客提供"便捷即饮"的价值主张，迅速占领速溶咖啡这一细分市场的赛道，填补了市场的空白并成为咖啡速溶品类的黑马。在企业 D 创立之初，WJ 就通过研制第一款挂耳咖啡实现了 60% 的毛利率和百万元的销售量，这一产品创新只为企业 D 迎来了短暂的竞争优势。由于产品创新的易模仿性，企业 D 并未获得可持续的竞争优势，后来 WJ 又通过将传统商品组合售卖（咖啡+手冲壶）的方式引来了又一波的消费热潮。企业 D 汲取其他产品的优势，多次通过产品创新实现一轮轮产品销量的激增，但是产品同质化的问题却带来了价格的恶性竞争，因此 WJ 深知必须打造"壁垒"以避免高成长性的"昙花一现"。WJ 开始思考企业真正竞争力的来源。他重新设计企业的价值主张，从"为消费者提供好咖啡"转变为"为消费者提供日常便携的咖啡生活方式"。WJ 认识到只有提供不同于任何竞争对手的价值主张才能从根本上改变其被动创新的局面。打磨并实现这一价值主张花费了 WJ 及其团队两年半的时间，企业 D 先是打造了技术壁垒将冻干技术应用于咖啡产品之中，开发出了比速溶更纯正，比冷萃更便捷，比现磨更便宜的咖啡产品。与此同时 WJ 还注重打造品牌价值，通过与具有社交性质的 App 合作打造了全新的客户关系，通过对顾客产品使用信息的及时搜集，降低了产品开发的试错成本并大大缩短了产品的开发周期。至此，企业 D 发掘了自身核心的竞争优势，将企业优势锁定在对消费场景的计划性方面，通过对消费数据的分析对产品以及销售渠道进行及时调整。自 2015 年创立以来，企业 D 在每个电商购物节中都有着卓尔不凡的表现，尤其是 2019 年的电商购物节一举斩获了咖啡速溶品类的销售冠军，仅 2021 年上半年销售额就突破 4.13 亿元。WJ 在公司选人方面有着与普通企业不同的原则，其看重的是员工的气场，通过打造一支气场相似的团队使得企业的行动效率大大提升。此外，WJ 还经常向员工传授"居安思危""砥砺奋进"的行事作风，并有意引导团队建立个人目标，为个人目标的实现不断努力。

3.1.4　数据搜集

为了保证案例研究的信度、效度，本书采用了多种方式进行案例数据的搜集。以一手数据为主，二手数据为辅，构成了一个完整的证据链；以访谈法为主，资料调查等其他方式为辅，保证数据来源的多样性，形成案例资料间的三角验证（Glaser 和 Strauss，1967；Miles 和 Huberman，1994）。一手资料主要来自笔者研究团队的实地调研（三轮半结构化访谈和现场观察），访谈对象包括企业的创业者以及创业企业的员工和其他管理人员。访谈内容包含被调查企业的基本状况、企业发展历程、企业的关键商业模式创新以及创业者经历等，正式采访时间为80分钟到120分钟，补充采访时间通常为20分钟到30分钟。补充采访主要针对正式采访中由于各种原因未能顺利完成访谈的对象，通过电话或者微信采访等形式进行补充。现场观察主要是通过研究团队对被调查企业的实地参观，真切感受企业的组织文化和模式创新，形成照片、录像等资料。同时，本书采用二手数据对数据资料进行了验证与补充，主要是访问企业官网、企业公众号、企业宣传手册及一些企业内部资料。通过微博、微信公众号、小红书以及其他官方媒体发布的创业者报道和访谈记录等获取大量描述性信息，并提高访谈提问效率。本书基于"数据—理论涌现—与理论对话—数据"的逻辑进行数据分析，在获取数据进行构念间关系识别的同时，对国内外相关研究成果做梳理并归纳总结，将数据与文献进行交叉验证，将研究对象的数据编码结果进行检查和确认，直至构建出稳健的理论框架（Eisenhardt，1989）。

3.2　案例分析

3.2.1　信度和效度

本书遵循科学研究规范，通过理论抽样并综合运用访谈法、观察法对获取的文本资料进行编码的方式，严格执行陈晓萍（2012）等所建立的案例研究实施步骤，以确保研究的信度和效度。

1）案例研究的信度

案例研究中的信度就是指案例研究流程的可靠性和可信度。案例研究涉及的全部流程都要可重复和可溯回，当其他研究者就同一研究问题对案例进行数据分析时，能够得出相同结论。谢康（2016）提出研究者可以通过编制一份翔实的案例研究计划、建立案例数据库以及提供案例企业真实信息等方式提高案例研究的信度。本书为保障研究信度，通过对已有文献的系统梳理以及与相关领域教授和研究人员的讨论制订了研究的方案。在数据搜集时，对案例企业的资料进行多渠道搜集，尽量使用原始数据并对资料进行分类存档，构建起研究的案例数据库。在数据编码时，以准确性为原则将同一份资料请不同研究人员进行编码，对于编码有出入的地方由博士生团队成员对案例数据进行重新校验和编码。通过以上方法本案例研究可以保证具有较高的信度。

2）案例研究的效度

案例研究的效度是指案例研究的结果能够准确反映所测构念及构念间关系的程度，主要包括构念效度、内部效度和外部效度。构念效度就是指研究人员在进行搜集数据时为所测构念建立清晰、客观的评价标准的程度。本书采用三角验证法通过多途径搜集不同类型的数据、构建一个完整的证据链，此外还对主要信息来源的个体进行审查以增强研究的构念效度（Yin，1994）。内部效度则主要阐述案例研究过程中对构念间关系的推断是否符合正常逻辑。为了加强逻辑性和因果关系推演的正确性，排除其他变量的干扰，采用模式匹配、建立解释和时间序列分析的方式保证研究所得理论框架的稳定性（Yin，1989；陈晓萍，2012）。通过将案例分析的过程与前文理论梳理的结果进行比对，依据对比结果不断修正构念间的因果关系，修正理论模型以增强模型稳健性。梳理故事线明确关键事件发生的前后顺序，避免因果关系的混淆。外部效度代表了案例研究结果的普适性和规律性，外部效度越高代表研究结论或所得理论模型越具有可推广性和普适性。研究人员通过跨案例、同案例嵌套研究等方式增加研究结果的类推性（董钊，2021）。本书在一年的时间内反复对资料进行确认和核对，确保资料的完整性，并在资料梳理的过程中不断对案例企业进行回访和补充，直至不再产生新的范畴。通过对4个案例的重复性验证直至实现理论饱和才确定得出结论，本书结论具有普适性和推广性。表3-2是本书多案例研究的评价标准以及提升信效度的措施。

表3-2　　　　　多案例研究的评价标准以及提升信效度的措施

指标		作用与意义	提升措施	
			数据搜集	数据分析
信度		测量结果的一致性和稳定性，即某一研究方法多次实施结论的稳定程度	设计科学的访谈提纲；构建数据库；提供案例真实信息	建立数据分析表多人对同一资料进行编码
效度	构念效度	测量结果可以反映构念内涵的程度	多数据来源；一手与二手数据相结合；数据来源审查	复核数据，检查案例数据是否准确定义，定义是否抽象、清晰、合理
	内部效度	测量变量之间的因果关系在多大程度上成立	从多视角对同一问题进行数据搜集，确保数据的真实性	检验数据资料与理论之间的匹配性，构建具有逻辑的理论框架；建立变量间关系的解释，根据数据对比对因果关系进行修正；按照事件先后顺序确定变量间因果关系
	外部效度	测量研究结论在多大程度上可以拓展到其他研究情境	搜集多个企业数据至新增企业不再增加新结论	重复验证单个案例所得结论，通过多次重复验证提高普适性

3.2.2　数据处理与呈现

本书数据处理的流程严格按照陈晓萍等（2012）提出的数据分析程序进行，在数据处理的过程中通过案例数据提炼构念，提出构念之间关系的命题，并通过案例资料和理论基础为提出的命题提供支撑。

本书数据处理过程如下：

（1）数据摘记文本的建立。首先将搜集到的一手数据和二手数据进行规范化的整理和摘录并按类别将数据进行存档。

（2）资料的整理与数据编码。对已存档的文本按句子或段落进行编码，识别出与关注问题相关的现象、事件或概念，以简洁全面的阐释赋予原始资料一级标签。对4家企业创立初期的相关材料进行标记，其中创业者（企业创始人）的数据用E1，E2，E3，E4进行编码，对企业成员数据用T1，T2，T3，T4进行编码。网络报道以及企业内部材料等二手数据用S1，S2，S3，S4进行编码，增强数据的层次性。

（3）数据的编码。在对标签所反映的信息进行归纳整理的过程中，对编码数据进行重新组合和分类。对实际含义相同或者相似的同一来源数据进行融合筛选只记录一个编码条目。将出现频次小于2的标签予以剔除，只保留出现3次以上的标签，共得到306条一级条目，形成数据分析笔记。以渐进的方式对数据资料条目进行凝练，概念化数据条目，明确数据范畴，对数据进行提炼，寻找数据与主题的契合与矛盾，产生构念、维度、关键词、编码条目数量并撰写分析备忘录。

（4）命题的提出与理论模型的构建。建立企业发展事件的时间线，依据理论基础对范畴间的因果关系进行推演，提出构念间关系的命题并形成初步理论的框架。最后系统性地对案例所涉及资料进行梳理和回顾，对提出的理论模型进行进一步深化和完善。

在对案例资料进行多次重复编码之后，对不同人员的编码结果进行系统分析比对，对编码有歧义的地方在领域专家的指导下予以纠正和明确，最终确定了本书案例编码的结果，详细编码条目和关键构念见表3-3。

表3-3　　相关构念、测量变量、关键词和编码条目统计分析

相关构念	变量测量	关键词	编码条目				合计
			A	B	C	D	
创业者人格特质	创造力	追求新颖独特、提出新想法、举一反三、与众不同、非常规、不同于传统、创新倾向	4	6	10	3	23
	风险承担性	孤注一掷、大量投资、不随波逐流、勇于尝试、不怕失败、高收益高风险、不畏风险、敢想敢干	6	8	4	8	26
	成就需求	野心、远大目标、坚持实现目标、追求卓越、不甘平凡、对产品/服务的极致追求	4	6	17	13	40
商业模式创新	价值主张创新	新产品、新市场、新客户、新服务、新渠道、新客户关系	10	9	11	8	38
	价值创造创新	新能力、新合作伙伴、新流程、新组织结构、新技术	15	14	11	4	44
	价值获取创新	新收入来源、成本结构、盈利模式	15	13	11	16	55
共享愿景	组织内共享愿景	组织目标一致、归属感、团队协作、组织氛围	8	9	11	7	35
新创企业成长	新创企业成长	销售收入、营业额、销售额、GMV值	3	2	3	3	11
		行业地位、市场份额	5	7	5	5	22
		员工数量增长	4	3	3	2	12

3.3　分析结果

3.3.1　核心构念界定

　　基于对数据的分析，以新创企业为研究对象归纳出创业者人格特质（个体特征）、商业模式创新（企业行为）、新创企业成长（结果）以及共享愿景（情境）4个主要构念，下文对每个核心构念的提炼过程和内

涵进行详细描述。核心构念代表性描述见表3-4。

表3-4   **核心构念代表性描述**

		案例A	案例B	案例C	案例D
代表性描述	创业者创造力	"将自己熟悉的货运领域与互联网平台相结合,开启传统行业的转型实践。特别强调'革命'精神,传统思维是阻碍变革的绊脚石,必须铲除"	"消费者的消费需求近几年有从标准化转变到个性化的趋势,我是做软件的,想通过软件信息化和生产智能化改造传统家具行业""提出新的产品理念是我的强项"	"我的创业梦想源于我对新事物的兴趣,电商发展那么好,未来服务业一定比第二产业更火,我要搞'互联网+服务业'""不变就是死路一条"	"从产品组合销售到推出冷萃咖啡我们一直在创新""刚开始创业的时候不是依靠数据,全凭直觉"
	创业者成就需求	"我坚信自己的判断,'互联网+'就是从电子商务出发在销售环节进行突破。我对企业的发展目标是非常清晰和有把握的""既然定了要转型,那么就只能成功,绝对不能就这样放弃"	"我前端模式做得好,那我要继续把软件优势放大,获取更多突破""顾客对产品的认可是最宝贵的财富,因此必须围绕客户需求进行变革"	"看着其他互联网公司指数级的增长,我无比痛苦,我必须找到差距,为企业谋取新的出路""平台钻井并不容易,是一个非常有挑战的庞大的任务"	"尽管用直觉就能够获取成功,但这不是可持续的。我想挑战,做更有意义的创新"
	创业者风险承担性	"前期的沉没成本非常正常,是可以接受的""高收益自然意味着高风险,转型过程中我愿意去冒险"	"柔性生产线的建设可能导致几年都不盈利。但是我觉得突破这个瓶颈,企业能达到新的高度"	"在竞争对手纷纷通过烧钱打广告的时候,我却选择专注于业务本身,为顾客做好服务"	"疫情的冲击是存在的,但也是一种机会,这段时间我想的是SKU和产品的问题"

续表

		案例A	案例B	案例C	案例D
代表性描述	价值主张创新	从"货车匹配"到"大宗商品承运平台"	从提供"家居定制"到为消费者提供"创新科技家居服务"	从"提供创意众包"到"提供专业化的企业服务"	从为消费者提供"便捷即饮"的咖啡饮品到"打造咖啡文化的生活方式"
	价值创造创新	引入数字技术打造感知智能、运输智能、交易智能,提高产业链的智能化	从"委托加工"到"柔性生产线"实现个性化大规模定制	引入财税、印章制作等合作伙伴共建"数据海洋+钻井模式"的价值创造模式	"引入冻干技术形成技术壁垒""通过消费数据营造消费场景"
	价值获取创新	从"平台流量变现单边收费"到"收取产业链上相关企业服务费"	个性化规模生产降低"个性化"定制的高额成本	从"收取佣金"到"免佣金收服务费模式"	"从30杯养成客户习惯,到一包24杯,诱导客户一次买两袋"
	共享愿景	"在组织中我充当教练的角色,在与组织成员充分沟通的基础上,尽可能发挥大家的主观能动性""我们的员工三三合作,具有自组织、自决策的能力"	"我们的员工富有创造力,对组织有强烈的归属感""团队成员之间配合非常默契,协作效率很高"	"在'腾云'行动中大家对团队的每个决策都非常支持。我们的员工个人目标与组织目标是一致的"	"我们对领导是相当信任的,他的一切决策都蕴含独到的见解""我对公司是有着强烈归属感的,它不仅是一份工作"
	新创企业成长	2019年公司平台GMV超过450亿元,环比增长105%;网络货运业务承运量超过1.5亿吨,环比增长500%	每年以60%的销售额增速成长;在全国拥有加盟店2 000家,一级直营店80家	2019年公司GMV总量54.82亿元,复合年增长率超85%;累计服务692万家企业	2018年销售额增长率达374%;2019—2021年平台销量全品类第一名

资料来源:根据案例材料整理。

1）创业者人格特质

创业者人格特质是指创业者在创业活动中所表现出稳定的心理特征，由于创业者是创业过程的主体，创业者人格特质对创业机会的识别与成功至关重要（张洪金等，2021），是企业战略决策的关键影响因素，创业者人格特质的差异会导致相同问题的不同决策结果（丁小洲等，2021）。现有研究普遍认为创业者人格特质对创业绩效和企业成长具有重要影响，创业者人格特质直接影响了其对外部机会的感知与识别，并在企业创业行为中体现其个人的行为特质。本书结合已有对创业者人格特质的研究，将创业者人格特质定义为能够支配创业者思维与行为方式，并能对企业战略选择、创业行为具有指导作用的一系列稳定心理特征的总和。结合现有理论与案例数据，本书提炼出 3 个具体的在新创企业生存和成长过程中发挥重要作用的人格特质，作为本书人格特质的维度，分别是创业者创造力、成就需求和风险承担性。

创业者创造力是指创业者提出新颖有用想法，并创造性地解决问题的一种特质（Amabile，1996）。创业者创造力对企业进行产品创新、提出创造性的解决方案都有显著的促进作用（Santos 等，2015；Vernon 等，2016）。现有研究将创造力看成一种开发创造性新想法以及将无关信息建立联系的能力、对未来趋势进行预判的能力（Almeida 等，2008；Runco 和 Jaeger，2012；Vernon 等，2016；Kathiravan，2019）。通过案例研究发现具有创造力的创业者总是寻求"石破天惊"的新想法，以一种截然不同的方式对客户、产品、利益相关者进行重新审视和定义，发现别人难以发现的机会，以及表现出一种创新的行为倾向。例如，A 企业创业者 XYG 将外部环境趋势与已有货运领域知识相结合，创造性地提出了货物运输这一传统行业向数字化转型的构想，提到"创办这家公司就是将自己熟悉的货运领域与互联网平台相结合，提出了物流转型的构想，这在行业里几乎是开了先河"。C 企业受访者 ZYM 作为一位资深的媒体人，充满对事物的好奇心，他发现服务业尤其是企业服务业还没有互联网化，用淘宝的方式售卖服务是一种全新的尝试。因此他创造性地提出将"服务业运用电商的模式运行"的想法。企业 D 创始人 WJ 能够在传统老牌企业独占鳌头的前提下，另辟蹊径找到精品速溶咖啡这一市场，离不开他创造性地对便携即饮市场的独特审视和独到眼光。创业者创造力还表现在对创新的倾向性，A企业创业者XYG特别强调"革命"精神，认为传统思维是阻碍变革的绊脚石，必须铲除，为此他还摒弃已有的货运团队，专门组建新团队开始工作，足见其对于革新的一种强烈偏向性。B企业创业者LLZ总是对创新的技术保持着强烈的兴趣，每当市面上出现一种技术，他都想应用于企业的发展，无论是企业创立时将软件应用于顾客参与的价值共创环节，还是将数据加云计算应用于家具的大规模定制，LLZ总能对外部的技术保持着敏锐的洞察力，并且能够创新性地应用于企业的发展之中。通过案例研究发现，4家企业创始人的共同特点都是具有极强的创造力，他们总能提出异于常人的想法，在初创期无一例外地走与成熟企业差异化的路线，避免与在位企业直接竞争；善于创造性地解决资源劣势和竞争优势不足的问题，时常进行创新性反思，以寻求创造性的解决方案；对创新有一种专有的倾向性，在企业发展的各个阶段都不约而同地将创新视为企业发展的第一要义。因此，本书认为创业者创造力是指创业者将其新颖、独特的想法应用于企业的建立、创新、解决企业管理问题或其他创业活动中，为组织创造价值并获取竞争优势的独特人格特质。

创业者成就需求是指创业者个人对卓越表现的渴望、追求目标与成就的动力以及通过努力取得成功的愿望（Costa和McCrae，1992）。成就需求提升了创业者对于卓越的标准并参与到有挑战的任务之中，是区别于非创业者的重要特征（McClelland，1965）。具有高成就需求的个体能够对具有挑战性的目标表现出更大的奉献精神，并在完成任务后获得满意度以激励个体追求更高的目标。通过对案例的梳理发现，4家案例企业的创业者在不同方面表现出具有较高的成就需求。具体表现在3个方面：一是实现目标的内驱力，二是对消费者认可的渴望，三是困境中不懈追求目标的意志力。企业A创始人XYG一开始就设定了要将传统货运向互联网转型的目标，在前期企业运营濒临倒闭的情况下，XYG能够在巨大压力下积极通过各种方式进行融资、节约成本并不断回溯失败的原因进而对现状进行分析，是对转型目标的执着让他不断摸索最终实现了对困境的攻克。企业B创始人LLZ表现出对顾客认可的极致追求，他曾在公司年会上做了题为"对口碑的渴望"的演讲，他认为技术等硬件问题是容易突破和解决的，但顾客的口碑在定制行业是尤为珍贵的，因此他在经营企业 B 的过程中一直表现出对顾客需求的关注，并以此为驱使设定企业目标。企业 C 创始人 ZMY 将他的成功归因于他的"野心"，他一开始只是想搭建一个连接企业与个人知识的交易平台，但随着业务量的增大 ZMY 开始意识到这是一份值得全身心投入的事业，因此他辞去了从事了 9 年的记者工作投入全部的精力，并定下做"服务业淘宝"的远大目标。企业 D 创始人 WJ 表示"让我坚定不移地选择咖啡赛道的原因，不是我们做咖啡的技术，而是消费者的认可，他们喜欢我做的咖啡"。通过案例梳理可以发现 4 家案例企业的创业者在创业过程中都设定了较高并具有可实施性的目标，并且表现出对目标的执着和坚持，他们的目标多为长期目标并且表现出对实现目标过程中的反思和对设定目标的不断升级。因此，本书认为创业者成就需求是指创业者在创业过程中设定有挑战但可以实现的目标，并对目标的实现具有强烈动机并表现出对目标实现的坚持，且不满足于已有成就的人格特质。

创业者风险承担性是指创业者对所感知到的风险所持有的积极态度，以及敢于冒险并对企业内活动采取冒险性行为的意愿。创业者的风险承担性反映了个体对不确定性的容忍度以及参与和进行风险投资的能力（Gunawan 等，2013）。进行风险投资包括创业者为获得高回报的机会而对资源的大量投入或产生大量借贷以及创业者将企业内部大量重要资源投入到风险较高领域的行为（Morris，1995）。新创企业在不确定且高度动荡的环境下，往往承受着更大的风险（Lumpkin 和 Dess，1996），因此创业者的风险承担性能够有利于新创企业积极开展相关经济活动。本书通过案例梳理发现，4 位受访者在创业过程中表现出如下特点：对外部风险的积极认知，正视投资失败，不盲目跟从行业内其他竞争对手的成功，对外部环境的积极洞察，不局限于现有企业资源与能力。企业 A 创始人 XYG 表示"在新业态里进行投资很有可能会失败，即使个人把握的方向不错，但实际运行过程中难免遇到各种问题，阻碍这一方向的前进。但是创业哪有不冒险的，创业者都是冒险家，机会来了亏钱也要继续往下走。在我看来前期的沉没成本非常正常，是可以接受的"。企业 B 刚开始创业的时候只有 3 个人，没有场地、没有资金、更没有经验，但是创业者 LLZ 凭借着对行业趋势的判断，承受巨大风险选择进入家装行业。虽然"一无所有"但 LLZ 却无所畏惧，他凭借其自身的软件优势，跨界寻求资源通过建立与家具生产厂家的联系，积极向投资机构寻求资金支持投入到其建立的完全新颖的概念——全屋定制家具——之中。将外贷资金投入到完全陌生的领域对 LLZ 来说就是一场"豪赌"。企业 C 创始人 ZMY 表示"行业内都依靠烧钱打广告而快速瓜分市场的时候，其成长的速度真的很快。我心里虽然着急，但我仍选择了少有人走的路——继续深耕为顾客提供更好的服务，我想做好顾客服务才是最根本的东西"。企业 D 创始人 WJ 表示"创业的时候十分艰难，我的积蓄都赔进去了，我用最后的 8 000 元钱投入到一个单品里，再用盈利的钱进货，就这样走到了今天""疫情来的时候大家都在说市场环境不好，不确定性太大，但我觉得最大的不确定性是我自己，我把疫情看作一种机会，一种更好思考企业发展方向和运营模式的机会"。通过案例梳理可以发现 4 家案例企业的创业者在创业过程中表现出对风险的积极认知，对必要风险投入有着较高的接受程度，对外部机会的不确定性有着清晰的预期，通常不采取跟随策略。因此，本书将创业者风险承担性定义为创业者对内外部不确定性风险的容忍程度，以及在不确定环境下为抓住已识别机会，投入已有或外部资源的程度。

综合理论与案例分析的结果，本书认为创业者外部环境感知、市场机会识别、战略导向制定以及创业行为的基础影响着企业不同的成长表现。新创企业的创业者人格特质表现在创造力、成就需求以及风险承担性方面。在企业创建和发展的过程中，创业者运用自己的想法创建新企业，并凭借创新性的想法开发新产品和服务，创造性解决问题以满足市场需求。他们总是能够设定清晰而远大的目标并专注于目标的实现，以目标为导向使企业不断前进。同时，新创企业的创业者还表现出更为突出的风险承担性，并未因为资源和能力的限制而产生畏惧从而不敢行动，相反他们对风险有着较高的接受程度并对外部风险有着清晰的预期，表现出对行业已有做法的突破和颠覆而非对行业已有成功经验的简单复制。

2）商业模式创新

商业模式创新是一种自上而下的创新，是在内外部因素的驱动下对企业原有价值主张、价值创造和价值获取方式进行创新的组织变革过程（刘刚，2018）。商业模式的构成要素或要素间连接方式的变化都会引发企业的商业模式创新（Johnson 和 Christensen，2008）。现有研究指出，商业模式创新是新创企业突破路径约束、实现跨界颠覆和后发赶超的重要手段（韩炜和高宇，2022），被认为能够抓住社会经济增长的重点，有助于企业在最短的时间内创造价值。结合理论与案例数据的分析，本书识别4家案例企业的创新行为集中在价值主张创新、价值创造创新和价值获取创新方面。

价值主张创新是指向客户提供新产品或为客户提供新的解决方案，以及开发新的消费群体或进入细分市场（Morris 等，2005；Johnson 等，2008）并对产品与服务的交付方式予以创新。价值主张创新通常由内外部环境以及创业者感知到的顾客需求变化所引发，会因为创业者对外部环境的理解，主动推动企业价值主张的适应性变革，使企业实现商业模式创新（迟考勋等，2016）。根据对4家案例企业数据的梳理发现企业价值主张创新主要表现如下：推出新产品或服务、开发新客户和新市场、拓展新营销渠道以及建立新的客户关系。案例中4家企业均表现出了不同程度的价值主张创新。企业 A 在创业初期，意在打造连接货运司机与有货物运输需求企业两端的"车货匹配"平台，实现供需的接洽。但在运行一段时间后，由于企业 A 业绩持续性下降，创业者 XYG 很快发现现有模式存在巨大缺陷并果断作出调整。从"车货匹配平台"转变为"打通产业链上下游，提供货物运输解决方案的平台"，实现从提供中介服务到提供产品解决方案的服务创新。企业 B 从以软件为优势建立"为顾客提供能充分参与的家装设计"的价值主张、提供免费的量尺与设计服务到向顾客提出"全屋定制"的家居服务理念，实现了从单个家具定制到全屋家居定制的产品和服务创新。企业 C 的价值主张是"从为企业和个人提供创意和技能交易的平台"到为"个人、企业和公共机构提供一站式服务平台"，实现了新客户、新市场的拓展。企业 D 从为顾客提供"高品质的咖啡产品"到"提供一种咖啡的消费场景"，注重产品创新的同时建立品牌优势，积极营造与客户之间的话题感，使咖啡不仅成为一款产品更是一种社交话题在市场传播，打造了一种全新的销售思路。从对4家案例的梳理可以发现，这些企业都进行了价值主张创新，通过为顾客提供新的产品或服务，或进入新的市场，拓展新的客户群体，或建立与客户之间的新联系。因此，通过对案例的分析本书将价值主张创新定义为企业向顾客提供产品或服务的内容和方式上的创新，包括产品或服务的供给、产品主要市场以及客户关系的创新。

价值创造创新阐述了企业以何种方式将企业资源转化为客户价值（Achtenhagen等，2013），如何通过一系列活动提供客户所需的产品或服务，尤其强调企业核心能力在整个价值创造过程中发挥的作用（Matzler，2013）。通过对案例的梳理发现，案例企业价值创造创新包括引入新技术、塑造新能力、找寻新的合作伙伴和改进组织流程。如企业A将数字技术引入到组织管理系统的建设之中，运用大数据、物联网、云计算等新兴技术，完成了企业"智能化产业链平台"的打造，上线了"土方清运系统、货物流向管理系统以及数据处理系统"，智能化和精准化为企业核心能力，向客户提供专业的服务。企业B在成功通过软件赋能前端，满足了顾客参与的个性化定制需求后，进一步用软件赋能生产端，通过新建流水线组合家具的形式，实现业内首创的"大规模个性化定制"的独特生产模式。之后又将BIM技术引入家装流程，实现了对整个家装流程的赋能，通过对装修流程的预演，规避风险保证全屋定制的交付品质和交付时间。企业C依靠积累的用户数据，将融资、教育、财税、知识产权等各领域的企业引入到企业的服务平台上，构建完整的企业全生命周期服务链，搭建起企业综合服务生态系统。企业D则通过将冻干技术引入到咖啡产品之中，凭借这一技术形成了企业的核心技术优势。通过案例研究发现，4家企业在进行价值创造创新的过程中均通过对新技术的引入实现了生产流程的重塑，打造了企业的核心竞争优势。因此，本书认为价值创造创新是指对企业资源利用方式和企业主要活动过程进行创新，通过引入新技术和新的合作关系，对企业价值创造流程进行升级，塑造企业核心竞争力。

价值获取创新是指对企业收入模式和成本结构的优化，通过增加企业的收入来源，改变企业成本结构获取利润（Johnson 等，2008；Teece，2010；Baden-Fuller 和 Haefliger，2013）。进行商业模式创新的最终目标是获取利润，如果没有对企业价值获取方式的适应性创新，那么可能会导致商业模式创新的失败。通过案例梳理发现，价值获取创新包括收入模式优化以及成本结构调整两个方面。企业 A 刚成立时以地推方式增大平台用户注册量通过从司机端抽佣的方式获取利润，在展业效率低且客户黏性弱的情况下，企业 A 更新其收入策略，实现了由依靠平台流量收取注册司机介绍费的收入来源转为向产业链各方有需求的客户提供综合物流解决方案收取服务费作为新的收入来源，彻底改变了原有的收入模式。企业 B 对企业开设门店的高额固定成本进行了重新思考，提出"C2B+O2O"模式。该模式是指将店面开在写字间等租金低廉的地方，先从线上低成本获得客源再将意向客户引入线下，在保证客户体验不打折扣的前提下降低了企业运营成本和获客成本，实现了企业成本结构的改变。企业 C 从平台抽佣的收入模式，转变到完全免费转而利用客户数据预测客户可能需要的服务，让客户直接为专业服务付费买单，彻底改变了企业的收入来源。企业 D 一直改变着企业的定价模式，通过不断更新定价策略实现对产品包装和产品组合形式的调整。通过对 4 家企业收入成本模型的创新探索，发现企业在收入模型和成本结构的改变上通常是颠覆式的，是对原有收入来源的根本性破坏，从而为企业带来更高的利润值。因此，本书将价值获取创新定义为企业获取利润模型的创新，包括定价策略、收入来源以及成本结构的改变。

综合理论与案例分析的结果，本书认为商业模式创新是对商业模式的构成要素进行新颖的、重要的设计和改变，其中关键创新要素包括价值主张创新、价值创造创新以及价值获取创新，它们之间协调构成一个系统性的创新。

3）新创企业成长

新创企业成长是指企业产品在市场上受到广泛认可，表现为企业销售额的大幅度提升，在行业中竞争地位逐渐凸显以及企业规模的扩大。新创企业由于先天的资源与能力劣势加之外部环境的动荡，其财务表现往往具有较大的波动性，仅从财务指标来看不足以度量其成长性。

Omeke 等（2019）认为企业成长性表现为企业规模、销售额、市场占有率、产值、利润和员工数量的扩张。销售额的增长被认为是最能反映企业成长性的指标（DeSantola 和 Gulati，2017；Gilbert 等，2006；Shepherd 和 Wiklund，2009），它反映了客户对于企业所提供产品或服务的接受程度（Robinson，1998）。同时销售额是创建能够支持企业现有业务所需现金流的关键基础，为企业进一步用于扩张所进行的创新活动提供所必需的资金支持。因此销售额的增长能够衡量新创企业的成长性。员工数量增长通常反映的是企业的组织构成或战略发生了变化（Hanks 等，1993），因为当企业运营范围扩大或业务迅速增加时，企业会配置新的人力资本以执行其目标。除了反映企业内部发生的变化外，员工数量的增加还表明企业对所处环境的一种预判（Venkataraman 等，1990）。企业通过评估外部环境，增加人力资本的储存，以确保其能够最有效地与市场上其他企业竞争（Box 等，1993）。市场份额增长表明企业的产品或服务在市场上的接受程度。与销售增长不同，市场份额增长是衡量企业成长的外部指标，代表了产品的接受度与企业在行业中的竞争地位。本书通过案例研究发现，4 家企业均表现出在某一时间段内的销售额的极速增长、企业规模的猛烈扩张以及市场占有率的巨大提升。企业 A 仅成立 5 年平台销售总额就达 450 亿元，环比增长 105%；网络货运业务承运量超过 1.5 亿吨，环比增长 500%，5 年的时间内在全国设立 23 家子公司，员工数量突破千人。企业 B 成立不足 8 年就已经在全国开设 2 000 家门店，在职员工超 20 000 人。企业 C 成立不到 3 年，平台总交易额突破 1 亿元，成为行业内首家营运额破亿的企业。企业 D 在2018 年销售额增长率达 374%；2019—2021 年平台销量全品类第一名，市场份额遥遥领先。综合理论与案例分析的结果，本书将新创企业成长定义为在内外部环境的作用下，企业规模由小变大，由弱变强的动态发展过程，不仅表现在规模的扩大、业绩的提升，更侧重表现在新创企业对"新进入劣势"的克服。创业者通过对资源和能力的综合利用实现价值创造，并逐步建立、维持、提升企业竞争优势，直至达到稳定盈利状态。

4）共享愿景

共享愿景是企业员工具有的用于支持组织未来发展的集体目标和共同志向（Tsai和Ghoshal，1998）。共享愿景作为一种结果是企业成员对企业战略目标、未来抱负使命和企业核心价值的集体理解（Colakoglu，2012；Tsai和Ghoshal，1998），反映了企业成员的集体目标和实践的主要方向，作为一种能力代表了员工对企业未来形象的共同承诺以及为实现目标所付出的努力（Senge，1992）。现有研究发现共享愿景对于提高企业战略决策的质量（汪丽，2006），促进组织的知识共享和创造（陈建勋等，2010），提升企业市场绩效（张振刚等，2016）等都有显著的促进作用。访谈中案例企业的受访者多次强调共享愿景对于组织目标制定与执行的重要性，根据理论研究与案例梳理，组织内共享愿景表现在组织成员目标的一致性、团队的协调性以及组织归属感方面。创业者通过不同的方式构建组织内共享愿景并且对企业的发展起到至关重要的作用。目标的一致性是指组织成员对组织战略目标的共同理解程度，在组织成员分享关于实现组织目标的知识或信息时，组织内的其他成员至少能够对相关内容的背景有一种共同认知，这有利于降低组织成员的沟通障碍。企业C受访者表示"我们整个团队对数据海洋和平台钻井都有着非常深入的了解，我们知道我们要做的是什么。不只是你们看来对数据进行分析那么简单，背后蕴含着对公司产品、模式、架构的不停迭代。就如我们的'腾云'计划，产品迭代几十轮是常有的事，这也正是在对平台钻井这一理念的深入理解下产生知识碰撞的结果"。团队协调性是指组织成员沟通协作的效率。企业B受访者表示"我们团队之间有着很好的信任基础，目标一致，三观一致。因此我们团队的组织能力、沟通能力和协调能力都很强。一个大型的策展活动我们不到10个人只用了2天的时间就搞定了从策展、组织到宣发的所有活动，我想要不是团队合作默契，不可能用这么短的时间完成"。组织归属感指的是团队成员对企业、领导和同事的认同感，对自我利益和组织利益的统一。组织成员的归属感会使组织成员最大程度地实现对组织的自我奉献。企业D受访者表示："在公司我觉得我不单单是个打工人，老板对咖啡的执着追求和热爱，让我觉得这是一家很有情怀的企业。我们每天琢磨的就是怎么还原咖啡的风味，把咖啡的本质和便捷结合起来，这对我来说不仅是工作任务驱使的，更多的是一种对组织的认同感和归属感。"4家企业内的员工均表现出一定程度的对组织的认可，对组织目标的支持，对领导决策的追随。综合理论与案例分析的结果，本书认为共享愿景是指一种组织内成员的描述性和规范性的心智模型，用于描述组织内成员在多大程度上支持理解和支持企业未来发展的方向以及目标，为组织成员行动提供基础性的环境支持。

3.3.2 基于案例研究的模型构建

本书通过归纳创业者创造力、成就需求以及风险承担、价值主张创新、价值创造创新以及价值获取创新、商业模式创新、新创企业成长、共享愿景的现有文献，结合案例分析对核心变量进行概念界定，通过对案例的梳理探索变量间的逻辑关系，构建本书的理论模型。

1）创业者人格特质与新创企业成长

新创企业的成长很大程度取决于创业者的判断和眼界。企业的管理、战略、文化和行动都由创业者决定，已有研究证实了创业者对于创业成功的重要意义（Shane和Venkataraman，2000）。根据高阶理论，企业高层管理人员的心理特征、价值观和认知方式影响着企业战略决策的制定，从而使企业绩效有着较大的差别（Hambrick，1984）。尤其是对于新创企业而言，动荡的社会环境以及激烈的市场竞争、匮乏的内部资源和能力都使得创业者必须主动对企业资源和能力进行调整，带领企业跨越生存挑战、克服瓶颈实现快速成长。创业者的决策与其人格特质息息相关，因此创业者人格特质对新创企业成长具有重要影响。因此，应在理论研究的基础上通过案例研究探究创业者人格特质对新创企业成长的影响。通过深入调研发现4家企业能够具有较高的成长性与其创始人（创业者）表现出鲜明的人格特质——创造力、成就需求以及风险承担性有着一定的联系。具体表现如下：

第一，创业者创造力对新创企业成长的促进作用。具有创造力的创业者能够产生新颖的想法，并能发现别人不易发现的机会，这使新创企业谋求差异化的出路以促进企业的成长。Bilton（2007）、Shane和

Nicolaou（2015）的研究都表明了个体创造力的存在有助于积极寻找新的商业机会，形成更多有价值的新发现，以推动创造新的价值及维持竞争优势从而促进新创企业的成长。单标安等（2018）的研究表明创业者新奇的思维能够解决新创企业成长过程中面临的激烈市场竞争、资源短缺、经验缺失等问题，帮助新创企业实现成长。因此，本书对案例企业中创业者创造力与创业企业成长之间的关系进行了分析，通过对案例数据分析发现，当谈及创造力对企业成长的影响时，企业A受访者表示："我们能够成为产业链新基建的先锋，得益于我们对政策的积极响应，当然这种对新趋势的敏锐洞察以及对外部机会的识别来源于领导的创新决策。他是个善于打破固有思维的人，倡导一切形式的创新，只要有与创新相关的想法都可以向他直接提议。"企业B发展过程中的许多决策在外人看来是"不可思议"甚至有些"离谱"的，在写字间开家居体验馆，为顾客免费做设计，正是这些看似不靠谱的决策使得企业B一直走在了行业的最前列，以独特的竞争优势获得了巨大的成功。企业C的创始人ZMY是一个善于举一反三的人，当企业遭遇成长瓶颈时，他能够在一次MBA课堂上，根据产品纵向发展的知识联想到企业可以依靠纵向发展的思路深挖企业数据中的宝藏，发现了企业指数级增长的发展机会，并借此机会完成了企业由生存到成长的突破。企业D发展早期阶段能够实现千万销量，全都凭借创始人WJ的创造力和想象力。"我会猜想客户需要的产品，带入消费者心态自己进行体验，公司前期的高速发展靠的就是这个。"通过对案例的研究发现，创造力确实为企业成长提供了发展的新机遇，创业者创造力对新创企业成长有积极的影响。

第二，创业者成就需求对新创企业成长的促进作用。具有成就需求的创业者会设定明确的目标并对目标有着强大的内驱力，全身心投入致力于目标的实现以及表现出对克服困难的强大意志力。成就需求是埋藏在个体内心的一种根深蒂固的动机，它激励个体从事具有挑战性的任务（McClelland，1965），设定较高的行动目标，这些对于实现企业成长目标有着重要的意义。因此，本书对案例企业中创业者成就需求与创业企业成长之间的关系进行了研究，通过对案例数据分析发现，当谈及成就需求对企业成长的影响时，企业A创始人XYG表示："我是个不轻易就定下目标的人，但是一旦定下就一定要实现。如果不是当时对货物运输数字化转型的坚持，就不会有如今平台近500亿元的销售总量，这可是传统物流货物运输量的上百倍。"企业D的创业者WJ凭借其对咖啡市场的敏锐洞察力确实取得了成功，但是他不满足于"昙花一现"的成功，他想打造一种可持续的竞争优势，因此WJ设置了更大的目标，开始思考从迎合消费者的习惯到面向更大的消费群体建立咖啡消费的文化，正是由于对短暂成功的不满足才使得企业D成为速溶咖啡这一细分市场的头部企业。

第三，创业者具有较高的风险承担性意味着创业者对感知到的风险持有积极的态度，且愿意投入资金于这种冒险机会之中。面对新的市场机会时，具有一定风险承担性的创业者能够果断决策、积极探索风险机会为企业成长带来更多可能。因此，本书对案例企业中创业者风险承担性与新创企业成长之间的关系进行了分析，通过对案例数据分析发现，当谈及风险承担性对企业成长的影响时，企业A创业者XYG表示："我们这几年的销售额可以说实现了跃迁，我想与我对新趋势的预判和及时的投入有着很大的关系，其实我不害怕失败，创业哪有不亏钱的。转型初期为了实现企业的数字化我们借鉴了行业中其他企业的做法，投入大量资金，但是后来发现这根本行不通。即使前期已经投入大量资金，但我觉得不能在错误的方向上继续了，因此我果断放弃了前期投入，甚至举债将大量资金投资到新的物联网技术的引入上，我不能确定这种做法是不是最佳的，但是变化来了就要把握住机会。"企业C创业者ZMY表示："我还是挺有冒险精神的一个人，当年我辞了稳定的工作出来创业，没想到造就了今天的百亿级的企业，从拒绝跟风投广告到免佣金，公司的每一次大的变革我觉得都是风险很大的行为，还好结果证明我都是对的。"结合以上案例可以发现，创业者创造力、成就需求与风险承担性对新创企业成长具有积极的影响。

2）商业模式创新与新创企业成长

对新创企业而言，商业模式创新比其他形式的创新更能使企业获得高速增长（魏炜等，2015）。现有研究表明商业模式创新主要是通过重构组织现有的价值系统，创造更高的顾客价值，从而实现企业快速成长的（Zott和Amit，2015）。从案例可以发现获得高成长性的企业通过价值主张创新聚焦细分市场，洞察客户需求，促进了新创企业的成长。如企业D受访者表示："当今时代充满了不确定性，尤其是消费者的需求是最不确定的，他们总是渴望产品能够带给他们极致的体验，我们做的就是要猜到他们想要什么，这会使消费者感到兴奋和极大的满足。"企业D的成功之处就在于其对用户需求的巧妙聚焦，通过社交平台培养消费者成为品牌的种子用户，赋予他们"领航员"的身份以最大程度地建立新的客户关系，在消费者的参与下对产品进行优化升级，更精准地把握产品的创新方向，增加消费者对品牌的认同感和忠诚度。也正是由于企业D能够在一次次的产品创新中以令人惊喜的产品获得消费者的认可，所以仅用了3年的时间就成为了速溶咖啡领域的头部企业。

通过案例的梳理可以发现企业商业模式创新过程中通过价值创造创新，引入新技术和新合作伙伴促进企业效率进一步提升，从而促进新创企业成长。如企业A通过引入物联网、大数据、区块链等技术，对企业的智能管理系统进行构建，实现了企业服务流程的创新，在协同利益相关方资源的过程中，大大降低了企业运营成本，提高产业链协同和交易的效率，使得企业在5年的时间就实现了百亿级别的销售额，17家子公司遍布全国。企业C在同行竞争者采取广告营销获取高成交量时，ZMY则专注于开始思考如何提供更优质、低价的服务。当同行开始在靠低佣金增加客户黏性时，ZMY却直接免佣金构建全新的价值获取模式。这种"另辟蹊径"的做法使得企业C总能先人一步进行提前谋划，通过商业模式的系统创新为企业赢得高速成长。

同时，通过案例梳理还发现企业商业模式创新通过价值获取创新锁定企业利润，促进企业成长。价值获取创新通过实现企业收入模式优化以及降低企业的运营成本，革新了企业的盈利模式，实现了企业资源的价值转化。如企业B推出的家具定制很快就遭到同行的模仿，因此开设新门店抢占更多的客户成了企业能否获得高成长性的关键因素，创始人LLZ开拓性地提出了O2O的运营模式，通过"线上引流+线下体验"的方式，以最低的成本锁定客户，为企业的利润实现提供保障，促进了企业的成长。企业C直接改变了企业的收入来源，ZMY直接提出不收取佣金，而是通过对用户数据的挖掘，提前预判客户所需要的一系列服务。如通过后台锁定进行商标设计的客户，挖掘出其所需的商标注册服务，仅通过商标注册这一项业务就突破平台过往一年的佣金收入。

3）商业模式创新在创业者人格特质对新创企业成长影响过程中起中介作用

已有研究表明，创业者的人格特质和商业模式创新分别对新创企业的成长性具有重要影响（单标安等，2018；杨林等，2021）。在案例研究中发现了创业者的人格特质与企业商业模式创新以及创业企业成长性之间的关联性，由此本书推测创业企业的商业模式创新在创业者不同的人格特质与新创企业的成长性之间发挥中介作用。对于创业企业而言，创业者不同的人格特质能够通过影响企业进行商业模式创新，从而为企业创造和实现价值。因此，本书对4个案例中的创业者人格特质、商业模式创新与新创企业成长之间的关系进行了分析，探索了商业模式创新在创业者人格特质与新创企业成长之间的作用机制。通过对案例数据进行分析，发现了商业模式创新在其中发挥的中介作用。

具有创造力的创业者能够通过不断涌现新想法，推出满足消费者需求的新产品，对新技术创造性地应用，或提出新颖的收入成本模型实现企业商业模式创新，促进新创企业的成长。企业A的创始人XYG在创业之初凭借对"大众创业，万众创新"趋势的把握，将"互联网+"和传统货物运输结合，提出了"互联网+货运"这样独特的转型想法，但在外部竞争者的围剿下始终无法盈利，XYG通过创造性地提出对产业链上下游运输赋能的想法，带领企业建立了"提供大宗商品货物运输解决方案"的价值主张，以此为企业发展的方向，搭建了一系列智能系统，培育新能力对价值创造方式进行创新，奠定其产业链运输行业龙头的基础。企业C创始人ZMY在企业遭遇成长瓶颈时，通过提出创造性的解决方案寻求突破，他注重对外部知识的吸取并善于对知识进行迁移和运用，根据一次MBA的案例课程迅速涌现了企业"纵向发展"的新想法，提出了"数据海洋+钻井平台"这种行业内从未出现过的新颖收入模式，并以此为目标与财务企业、商标注册企业建立合作伙伴关系，拓展企业的服务范围，为企业打开了更大量级的市场。同时，具有创造力的创业者通过构建企业新颖的价值主张，为企业赢得大量的资本供给，企业 D 创始人 WJ 在获得第一轮融资时，只用了 10 分钟的时间就以其新颖的价值主张赢得了风投机构的青睐，直接收获 5 000 万元的定金，这些资金的获取有利于企业实现持续性的价值创造，促进企业成长。

具有成就需求的创业者能够通过商业模式创新促进企业成长。通过对案例的梳理发现，具有成就需求的创业者能够通过企业商业模式创新对新创企业成长产生影响。案例研究发现具有高成长性的企业几乎都有着较为明确的目标，同时表现出对客户需求的绝对重视，往往将顾客需求作为商业模式创新的准则。企业 C 创始人 ZMY 表示："无论何时，顾客需求永远是我们指路的明灯，因此不管如何创新我们始终把客户的需求放在首位，因此在进行商业模式创新的过程中一直把提供更好的服务作为一切形式创新的出发点，我们提出'数据海洋+钻井平台'的模式也是希望在广泛的数据支持下，提前洞察客户所需，运用数据赋能我们的核心业务，增加平台交易频次。"成就需求还表现在对目标的坚持与承诺方面。企业 B 创始人 LLZ 表示："我一直把为中国的家装行业做出一些改变视为我跨界进行创业的目标，这个目标从来没有改变，为了实现这个目标我一次次提出各种价值主张表达我对家装行业的理解和价值的传递，从全屋定制到数字化家装，我想这些由价值主张引发的企业商业模式的一次次创新，是我们实现从生存到成长的关键。"

具有风险承担性的创业者能够通过进行商业模式创新促进企业成长。通过对案例的梳理发现，具有风险承担性的创业者能够通过企业商业模式创新对新创企业成长产生重要影响。具有风险承担性的创业者往往敢于突破现有模式的束缚，不盲目跟从同类竞争者已有成功的商业模式，而是凭借对外部环境的积极洞察建立独有的商业模式创新路径。另外，具有风险承担性的创业者不拘泥于现有的资源和能力，而是有更广泛的眼界跨组织边界进行资源的搜寻，甚至是对未来可能出现的资源进行预测，以实现独特的价值创造方式。企业 A 创业者 XYG 表示："我们前期做司机和企业的对接平台，其实已经投入大量成本，甚至已经遭遇现金流不足的问题，但在我发现我们可能走在完全错误的道路上时，我果断放弃原有的构想，尽管这些构想在同行其他企业可能证明有效。我重新对货运物流的痛点进行思考，最终锁定了产业链上下游货物运输这一市场，又开始积极投入地磅感知、门禁感知等数字化系统，对企业整个商业模式进行了重新构建，使得我们能够及时回到正轨，这也使得我们能够在大宗物流领域获得百亿级的营业额。"同样的情况在 ZMY 的身上也有体现，企业 C 创始人 ZMY 直言："平台流量有了，但还是亏损这让我很着急，同行都在靠打广告实现千万级别的增长，但是我反而觉得产品和服务才是发展的硬实力，因此我把资金全部投在了平台建设和服务提供上，更迅速、更低廉、更有保障的服务是我当时提出的主张。这其实很危险，但是结果证明了我的决策。最后我们杀出血路，靠服务好顾客挺到最后。"创业者的风险承担性反映了个体对不确定性的容忍度以及参与和进行风险投资的能力。具有高风险承担性的个体会将感知到的风险视为一种机会，并在进行风险决策时表现出更加果断且更大量的资源投入以支持其决策，尤其在创新时予以资源的支持。因此，风险承担能力也会影响企业的商业模式创新。本书对案例企业中创业者风险承担性与企业商业模式创新的关系进行分析，探索新创企业创业者的风险承担性对企业价值主张、价值创造和价值获取创新的影响。从案例中发现，创业者风险承担性为企业的商业模式创新提供重要的资金支持，同时也为商业模式创新过程中的及时调整提供保障。XYG 在经历第一次地推模式的失败之后，没有因为对前期商业模式的大量投入而否定继续革新，相反他能够正视自己过往的投入并将其看作必要投入，展开新一轮的投资并不断调整。企业的价值创造思路从"计划+实施"到"实施+完善"，为商业模式的持续性创新提供保障。风险承担性使得创业者的行为决策更加果断，ZMY 在"威客"类企业纷纷依靠广告而迅速发展时，没有只注重企业的收入而更加关注企业与同行业竞争对手的差距，选择了保持原有价值获取方式不变，去精进企业的核心能力，为顾客提供更多满意的服务。

4）共享愿景在创业者人格特质对商业模式创新过程中的作用

通过对案例企业的调研发现，组织内共享愿景是创业者人格特质在企业内发挥作用的重要情境条件。新创企业成长过程中具有不同特质的创业者对企业的商业模式创新受到组织内共享愿景的影响。共享愿景作为组织成员共同建立起的对组织目标的共同理解和支持，能够影响企业战略的制定（汪丽，2006）、组织监督和学习能力的形成、成员间任务的分配以及专业化的人力资本投资（Ring 和 Van，1994）。通过对 4 家企业的资料进行编码和分析发现，创业者人格特质和共享愿景共同作用于企业的商业模式创新，进一步促进新创企业成长。

在创业者创造力方面，组织内共享愿景能够通过影响组织成员对组织创新需求的理解促进创业者创造力向企业商业模式创新的转化。如 A 企业受访者提到："组织成员对目标的共同理解对组织内涌现有价值的创意来说非常重要，正是由于大家意识到了新颖性对于我们这种初创企业的作用，才能使大家进行广泛的头脑风暴，提出更多有价值的新思路，提出一个新的价值主张对我们来说是最重要的。"

在创业者成就需求方面，组织内共享愿景能够通过影响组织成员形成以目标为导向的行为风格加强创业者成就需求向企业商业模式创新的转化。如企业 B 受访者提到："以目标为导向的行事作风应该被组织中每个人所拥有，只有这样才能激发员工实现目标的动力。我们组织内员工对组织目标的理解是高度一致的，正因如此我每一次提出一个想法我们的团队就能以最快的速度对我的想法进行落地，这使得一个想法到形成一个商业模式构想，再到实现商业模式创新这整个过程的周期大大缩短。"企业 D 受访者表示："共享愿景对于激发组织成员的内在成就需求是有很大作用的。我经常向员工强调你们不是在给我打工，也不是在给公司打工，你们是在为自己打工，我认为一个人的成就需求非常重要，如果能够让每一个人都拥有这种特质，那我们进行产品的研发和迭代时，员工们必定是孜孜不倦的。"

在创业者风险承担性方面，组织内共享愿景能够通过影响组织成员跨边界的信息搜寻和试错加强创业者风险承担性向企业商业模式创新的转化。如企业 C 受访者其较高的风险承担特质不仅为企业发现了大量的可以进行商业模式创新的机会，同时这种高风险承担性还表现在对组织成员冒险精神的支持。企业 C 受访者认为"共享愿景在我们团队里是最有价值的一种组织文化，不仅是我，我希望团队的每一个个体都能成为一个信息节点，大胆向外部探索机会，探索企业成长的可能性。我特别强调这种精神，还发起了名为'腾云'的活动，在活动的带领下，我们实现了产品和模式的一次次探索，通过数十次迭代与革新，我们形成了如今行业至今无人超越的'数据海洋+数据钻井'的新模式。"

5）研究模型的提出

综合以上研究，本书通过探索性多案例研究的方法，对4个调研案例的整理分析发现，创业者的创造力、成就需求、风险承担性、商业模式创新、新创企业成长的概念内涵，并探索出以上变量之间存在内在联系。具体来说，新创企业中创业者创造力对于企业商业模式创新作用显著，具有创造力的创业者表现出的联想能力和对新事物的好奇心对提出新颖价值主张具有重要作用，此外创业者的创造力还能够使得创业者对外部环境变化有着更加敏锐的洞察力，从而发掘更多可能的机会，提出更具新颖性的价值主张。创业者创造力还表现在对创新的倡导，这有利于企业进一步革新其原有价值创造模式，对现有资源和技术加以利用，促进企业核心能力的升级改造。创业者风险承担性则更多地表现在对创新商业模式资源的支持，具有风险承担性的创业者能够迅速解析复杂形势，凭借对自身条件的判断，果断做出决策。同时具有风险承担性的创业者还表现出对沉没成本的正视，使得企业做出正确及时的变革调整。创业者成就需求则表现在对目标的设定与坚持是企业能够围绕核心价值主张实现价值创造和价值获取创新的根本。商业模式的创新不仅实现了对产品或服务的创新，也使得企业的资源和能力被进一步整合和发展，这使得企业突破自身的发展瓶颈赢得一次次成长的转折点。在这个过程中，共享愿景分别对创业者创造力、创业者成就需求、创业者风险承担性与企业商业模式创新之间的关系进一步强化。基于此，本书的理论模式——创业者人格特质与新创企业成长的关系模式如图3-2所示。

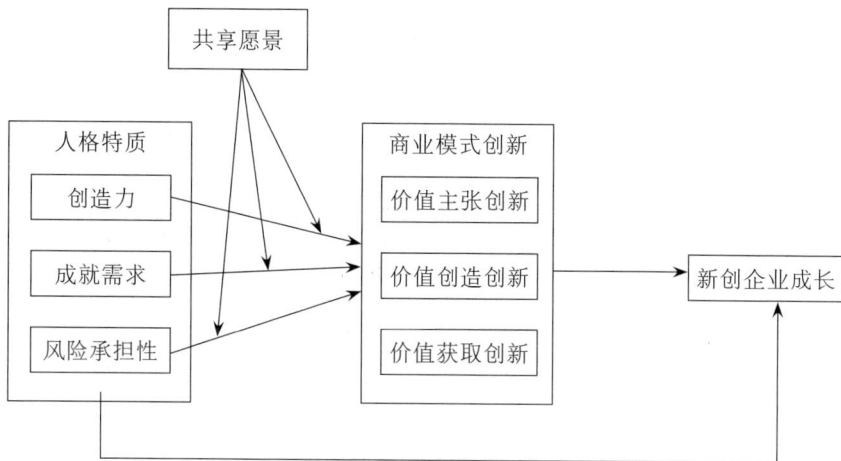

图3-2　基于案例研究的模型构建

3.4　本章小结

本章在前文理论研究的基础上，尝试通过探索性多案例研究对新创企业创业者人格特质、商业模式创新、新创企业成长与共享愿景之间的关系进行探索，以构建理论模型。具体来讲，本章首先提出了几个研究问题：创业者的人格特质有哪些会对创业企业的成长起到推动作用？创业者人格特质是否会影响企业商业模式创新行为？不同的人格特质是如何影响企业价值主张创新、价值创造创新以及价值获取创新的？企业通过价值主张创新、价值创造创新以及价值获取创新能否实现高速增长？商业模式创新是否在创业者人格特质与企业成长之间起到中介作用？共享愿景这一情境因素能否在创业者人格特质与商业模式创新之间发挥调节作用？带着研究问题阐述了选择案例研究的原因，并且对案例研究进行了设计，对本书数据搜集过程以及数据分析过程进行了展示，在对数据资料进行搜集、整理与分析的基础上，从案例中提炼了本书的核心构念并对创业者创造力、创业者成就需求、创业者风险承担性、价值主张创新、价值创造创新、价值获取创新、共享愿景和新创企业成长的概念进行界定，在此基础上讨论各构念间的关系，最后构建理论模型。为接下来的研究（提出研究假设与开展大样本实证检验）提供依据。

4 研究假设的提出

本章在前文提出的理论模型基础上进一步分析创业者创造力、成就需求以及风险承担性、商业模式创新、共享愿景、新创企业成长之间的逻辑关系。分析创业者创造力、成就需求以及风险承担性对新创企业成长的影响，商业模式创新在创业者创造力、成就需求以及风险承担性与新创企业成长之间发挥的中介作用，共享愿景在创业者人格特质与商业模式创新关系间的调节作用。为了实现上述研究目的，本章依据第3章案例研究所得理论模型提出理论假设，从理论视角深入揭示创业者人格特质对新创企业成长影响的内在机理。

4.1 创业者人格特质与新创企业成长

创业研究的开展不仅要关注企业是如何创立的问题，更需要关注其如何在复杂、多变、不确定的环境下生存和成长的问题。创业者作为新企业的缔造者，对于新企业的管理、决策以及文化等都产生着深刻的影响。根据高阶理论，创业者人格特质对企业战略选择和经济绩效都具有重要的影响。因此本书依照高阶理论，遵循"创业者人格特质—新创企业成长"的理论预设分别构建创业者创造力、成就需求与风险承担性 3 种特质与新创企业成长之间的关系。

4.1.1　创业者创造力与新创企业成长

创业者创造力是指创业者能产生新奇、有价值的想法（Amabile，1996），并利用创造性的方式解决问题的一种人格特质。创业者创造力反映了创业者有能力和信心创造性解决问题的程度（Ahlin，2014），是创业者成功启动创业活动必须具备的关键技能（Tu 和 Yang，2013），是成功创业所需的技能的重要组成部分。在企业创建之初，新创企业缺乏具有竞争力的产品，此时创造力是创新的源泉。具有创造力的创业者积极发掘市场机会，提出新想法，产生新业务，不断改进产品使企业逐步构建核心竞争力（Ko 和 Butler，2007）。在企业度过生存期后，创造力还能对企业价值创造过程中的战略决策发挥重要作用（Ko 和 Butler，2007）。创业者创造力能够激发创业者不断寻求新的方法运营企业，创造性地为企业解决问题。因此，创业者创造力既是企业开发新业务的起点，同时也是应对环境不确定性，在复杂环境下解决成长困境、在竞争中实现"突围"的重要前提。因此，创业者创造力对于新创企业成长至关重要。

第一，创业者创造力有利于实现机会的开发和利用。Tu 和 Yang（2013）、Shane 和 Nicolaou（2015）的研究都表明了创业者创造力对于积极寻找新商业机会的促进作用，创造力能够形成更多有价值的新发现，以推动创造新的价值及塑造竞争优势。尤其在新创企业成立之初，学者们认为在机会识别阶段，创业者更多依靠直觉性的创造力而不是全面分析（Kickul，2001）。因此，创业者创造性的想法有利于识别市场的独特机会，评估新技术的潜在趋势，并为组织存在的问题制定多种可行的解决方案。

第二，创业者创造力还被认为是帮助企业解决困境，获得持续性成长的重要特质。单标安等（2018）的研究指出，创业者需要利用新奇的思维及创新的方式来解决新创企业成长过程中面临的激烈市场竞争、资源短缺、经验缺失等问题。Mambula和Sawyer（2004）认为，资源约束性较强的情况下，创业者能够利用自身创造力，创造性地解决企业经营所面临的内外部障碍，突破成长瓶颈。如创业者创造力可以将不同应用的资源以新的方式组合和重用，即创业者创造力会促进组织资源拼凑。这对于资源有限的新创企业尤为重要（An等，2018），资源是企业成长的重要因素。因此，创造力有利于解决企业资源困境，从而使企业获得成长。

第三，创业者具有的创造力有助于企业在发展过程中寻求变革，是企业获得长远发展的重要推动力。具有创造力的创业者具有创新的行为倾向（Noor等，2018），他们倾向于进行产品和服务的创新，这被认为是新创企业成长的重要动力。另外，Ahlin等（2013）发现创业者在发展和维持创造性的组织文化方面发挥着核心作用。Geroski（2005）针对529家制造业企业的研究发现，拥有创新文化的企业具备更高的获利能力、更快的成长速度。具有创新文化的企业比缺乏创新文化的企业更具竞争优势（Woodman等，1993）。同时，创新的组织文化还被认为有利于形成组织成员的创造力，一个具有创造力的组织，能够在组织内的协作中创造更大的价值（Woodman等，1993）。基于以上分析，本书提出如下假设：

H1：创业者创造力对新创企业成长具有正向影响。

4.1.2　创业者成就需求与新创企业成长

创业者成就需求反映了个人对卓越表现的渴望、追求目标与成就的动力以及通过努力取得成功的愿望（Costa和McCrae，1992）。成就需求是埋藏在个体内心的一种根深蒂固的动机，它激励个体从事具有挑战性的任务，以提高他们的绩效或提高他们的卓越标准（Atkinson，1964）。成就需求表现为面对不确定性（或容忍模糊性）、为自己的绩效后果承担个人责任等行为。成就需求被证明与创业行为、决策行为、管理能力和企业绩效有关（McClelland，1965，1985；Schultheiss和Brunstein，2010）。Chusmir和Azevedo（1992）通过对美国50家企业的研究发现，CEO的成就需求能显著促进企业销售额的增加。成功的中小企业所有者都具有成就需求高的特点（Johnson，1990；Unger等，2015；Sajilan等，2015），因此成就需求常用于预测创业的成功。当具有成就需求的人管理新创企业时，新创企业能够更快速地成长（Slabbinck等，2018）。

第一，创业者成就需求有助于创业者为企业设立明确、有难度且能达到的目标（McClelland，1961；Johnson，1990；Sagie，1994），这使得创业者能够不断提高绩效，从而促进企业的不断成长。根据目标理论，与普通目标相比特定的、具有挑战性的目标能够带来更高的绩效。具有成就需求的个体意味着能够始终保持初心，有计划地完成创建企业的基础目标、中期目标。他们不仅努力取得杰出的成果，还寻求对现状的改进行动以获得最佳结果（Tajeddini，2008），以初始目标为驱使，不断达成创业目标（Hizam-Hanafiah和Li，2004）。相反，如果企业家的基本目标无法实现，就会直接影响到中间目标，使企业陷入问题重重的境地。此外具有成就需求的个体重视对目标的实现，会通过制订战略行动方案等手段对企业行动进行提前规划（Robinson等，1991）。

第二，具有成就需求的创业者拥有创业成功所需的能力。资源基础观认为，创业者对成就的需求代表了一种宝贵的独特资源，它构成了运营成功业务所需的特定能力（Barney等，9911）。具有成就需求的创业者有兴趣参与到各种商业活动中并培养他们的能力（McClelland，1965）。Ahmad等（2010）强调，个人能力可以反映在信心水平、克服障碍的决心、实现目标的愿望和以行动为导向的巨大需求上。Carraher等（2010）指出，成就需求对于提高个人能力和积极参与创业活动非常重要。对成就的需求是一种超越的动力，具有成就需求的个体会投入更多时间考虑如何将工作做得更好而不仅限于完成。

第三，成就需求还能够帮助企业克服外部挑战，实现更高质量的发展。大量研究表明，与成就需求较低的人相比，高成就需求的人对具有挑战性的任务表现出更大的奉献精神，并在完成这些任务后具有更高的自我评价，这种自我激励能够帮助创业者克服困难。对于新创企业而言，其生存和发展面临巨大不确定性，市场需求与技术变革的不确定性为创业企业的目标实现设下重重阻碍。具有高成就需求的创业者能够努力坚持达到目标，以克服企业面临的不确定性等各种挑战（Wu，2007）。同时具有成就需求的创业者在面临风险时能够对其进行计算，在不确定面前为问题找到新颖和创造性的解决方案，并对自己行为的后果承担个人责任（McClelland，1961；Johnson，1990；Sagie，1994）。企业的成长需要创业者的坚持不懈和强烈渴望来提高企业成功的标准，并积极在面临风险时找寻解决方案。这进一步佐证了创业者成就需求对企业成长的促进作用。基于以上分析，本书提出如下假设：

H2：创业者成就需求对新创企业成长具有正向影响。

4.1.3 创业者风险承担性与新创企业成长

创业者风险承担性被定义为创业者在面对不确定的环境时大胆做出具有高风险性的行为和选择的倾向（Jackson，1976；Jackson，1994；Sitkin和Weingart，1995）。具体而言，风险承担性作为一种创业者人格特质，反映了创业者在面对成功或失败结果的不确定性时，做出采取追求高收益并能够为之付出代价的行动意愿（Zhao等，2010）。通常认为风险承担性较强的个体，具有更高水平的冒险意愿（Shapria，1995）。通过文献梳理发现，学者们从不同的角度研究了创业者风险承担性与企业绩效之间的关系。有研究证实了创业者风险承担性对企业绩效有正向促进作用（张秀娥等，2021；盛明泉和伍岳，2017）。还有一些研究发现，风险承担性过高会使企业收益波动巨大而导致绩效下降（Cohen等，2013），相反年销售额增长与较低的风险承担性之间存在正相关关系（Miner等，1989）。部分研究指出风险承担性与企业绩效关系程度小，实证研究显示创业者风险承担性与创业结果不相关（Moreno和Casillas，2008）。这表明了创业者的风险承担性与企业绩效的关系在结论上并没有达成一致。实际上，新创企业由于资源的匮乏且置身于充满不确定性的外部环境下，通常会规避风险以保证生存，创业者适当的风险承担性有利于识别和挖掘有潜在利用价值的机会，增加企业获取成长的可能性。但当超过某一门槛时，风险承担性反而不利于企业成长。因为创业者所识别的机会并不能与企业现有能力和资源相匹配，对企业来说，此类机会是没有价值的机会，但却占据着企业大量资源。此时新创企业可能由于严重的资源占用而搁置其他正常的价值创造活动，因而导致企业成长性的逐渐下降。由此，本书预测对新创企业而言，创业者风险承担性与新创企业绩效为倒 U 形关系。具体来说，原因如下：新创企业由于资本和资源的缺乏，具有较差的抗风险能力（樊博和聂爽，2017），因此一般新创企业会表现出相对保守的战略避免与风险直接"交战"以保证企业的生存。而具有一定风险承担性的个体对风险投资机会表现出积极的追求，这影响创业者在复杂环境中对风险机会的感知和识别。具有较高风险承担性的创业者往往不愿受到传统或主流经营模式的束缚，敢于主动地冒险去探索和发现风险机会（Chen 等，2015），并在识别了其认为有价值的风险机会后，会在制定决策和采取行动时，偏向于把自身有限资源与已识别的风险机会进行结合，充分挖掘风险机会的价值以实现企业成长。一定的风险承担性还会促使创业者积极地对市场风险进行探索和评估，这有利于增强企业的抗击风险的能力，降低企业经营和交易的风险，增加机会的利用效率（李巍和许晖，2013），新创企业在发展的初期，面临着新进入缺陷，其产品和服务还未广泛受到客户的认可。因此创业者需要不断地找寻新的经营方式，以迎合不确定的环境，主动去接受变化，以弥补新进入者的缺陷。

相反，不具备风险承担性的创业者在面临机会时犹豫不决，很难把握机会，从而丧失一次次利用机会获取成长的时机。尤其是当企业的生存环境呈现复杂、模糊、多变的特征时，这愈发使得创业者对环境信号不能进行及时有效解释，因此当被要求做出快速决策或决策缺乏先例的指导时，创业者往往难以评估企业的行动与绩效之间的关联结果，使得创业者因为环境的复杂性而被"麻痹"，创业者会逃避或推迟进行决策（Shapria，1995），从而错过企业获得成长的机会。

但是，具有过高风险承担性的创业者由于乐观地看待风险而不对风险加以计算和衡量，同时由于新创企业存在较为严重的资源约束，若创业者将企业所有资源投入到风险巨大的机会上时，企业将没有资源继续投入于可利用的机会（Shane，2000；Pieterse 等，2011）。也就是说，若企业将所有的资源用于探求风险性的机会，若此风险机会为错误的判断，那么新创企业会由于过度承担风险而陷入"勇敢者的陷阱"，彼时组织内的资源利用会出现错配，甚至是混乱，这将严重打击企业利用资源的能力。此外如果创业者由于其过高的风险承担性而获得了短暂的成功，那么他可能会形成思维惯性，认为较高的风险会带来企业绩效的提升，从而导致其过度冒险的行为倾向，失去辨别有价值机会的能力（张映红，2005），这会使得企业内的资源被浪费。

综上所述，本书认为具有适度的风险承担性的创业者才会表现出较佳的绩效，低风险承担性或过度的风险承担性都可能由于组织内资源的不充分利用而影响企业活动的展开，导致企业成长性差。基于此，提出如下假设：

H3：创业者风险承担性与新创企业成长存在倒U形关系。

4.2　创业者人格特质与商业模式创新

根据高阶理论，创业者在新创企业中具有重要地位，有时甚至是唯一的决策者，他们的个性特征会影响企业战略决策，特别是创新活动（Chen等，2010；Nguyen等，2019）。根据熊彼特创新理论，企业进行什么类型的创新以及创新的程度与目标在很大程度上与创业者的人格特质、态度和行为相关（Sharma和Tarp，2018）。创新研究越来越多地表明新创企业中的关键人物作为企业创新驱动力的关键作用（Ahn等，2017；Andries和Czarnitzki，2014；McGuiirk等，2015）。商业模式创新作为企业持续价值创造的关键来源（IBM Global Business Services，2006），是企业的一项重要的创新活动。面对不连续性、趋同、激烈的全球竞争环境，企业应该更频繁、更迅速、更深入地创新商业模式（Doz和Kosonen，2010）。大多数初创企业都存在严重的资源约束（Baker和Nelson，2005），能力的欠缺使得新创企业在高度不确定性的环境中难以对外部环境变化做出反应。商业模式创新通过对现存规则的打破，对原有商业模式的重构，以超越传统的价值主张、价值创造和价值获取手段来创造价值，形成企业的竞争优势

（Schlegelmilch，2003）。因此，对于新创企业而言更需要进行商业模式创新。商业模式创新涉及组织系统性的变革，可能会由于组织惯性与领导者的思维惯性而阻碍商业模式创新在组织内实施，因此创业者在进行商业模式创新时需要打破仅关注眼前状况的认知不足，克服思维惯性，对消费者的潜在需求进行更深入的理解和挖掘，以产业发展的宏观视角对企业形态进行更深入的思考。因此，商业模式能否在新创企业实施与创业者的特征有着重要的联系，因为对于不确定性条件下的新创企业而言，组织战略决策不是科学的决策而是快速的决策，当模式的好坏清晰可辨时，已经为时已晚。人格特质在这种快速决策的要求下其作用被凸显。本部分将分别探讨创业者创造力、成就需求与风险承担性对企业商业模式创新的作用。本书借鉴 Foss 和 Saebi（2017）的研究，将商业模式创新看成企业的一种行为，而不将其认为是企业变革的过程与结果。

4.2.1 创业者创造力与商业模式创新

创业者创造力是企业创新最重要的人格特质（Ahlin，2014；Amabile，1996），是商业模式创新的基本要素，是识别不同商业机会的重要基础，是创新的前提（Millard 和 Kruger，2005；Pretorious，2005；Morris 和 Koratko，2002）。

第一，创造力能够克服由思维惯性产生的创新阻碍，有利于商业模式创新决策的制定与实施。尽管商业模式创新对企业有着重要意义，但由于组织思维惯性以及原有主流商业模式更新引发的资源配置冲突，使得创新商业模式面临巨大阻碍（Chesbrough，2010）。Futterer 等（2018）发现由创造力引发的创业行为会形成对商业战略的永久性反思。当创业者有新颖而有用的想法时，他们将制定组织战略和目标，并将任务分配给来自不同部门（例如会计、服务人员、研发和营销）的普通员工，并组建团队来实施这些想法（Barczak 等，2010）。他们将指挥不同部门的员工和团队合作设计、制造和推出新产品，从而实现商业模式创新（Baer，2012）。

第二，创业者创造力能够为组织商业模式创新提供全面支持。创业者的创造力能够促进创新型的组织氛围形成，会产生一种既重视创造力又重视创新的组织文化，从而实现集体性的思维开发（Johnson等，2008；Baron和Tang，2011）。通过在组织内开展各种形式的头脑风暴实现组织资源优化、组织流程变革（Liedtka等，2011；Perry，2006）。创业者创造力还有助于组织创造力的形成（Pandey和Sharma，2009），实现创业者个人创造力向组织创造力的转化（赵欣，2021）。当组织内充满有创造力的个体时，将产生更多有利于新产品、新服务、新想法、新流程、新盈利模式的新点子（Blomberg等，2017），从而有利于实现企业的价值主张、价值创造和价值获取创新。

第三，创造力是商业模式创新的前提。Amabile（1996）发现创新源于创造性的想法，个人和组织的创造力是创新的起点，新的想法、规则和理念都是企业进行创新的原材料。此外，创造力还有利于创业者对外部进行信息搜寻（Howell和Higgins，1990），这对于了解市场需求和识别市场独特机会有着重要作用，可以通过发现竞争对手的市场定位，评估新技术的潜在趋势，产品和服务的优势与劣势，帮助企业更有效地评估与其价值主张和活动系统配置相关的成本结构和收入流（Shu等，2012），进行价值主张、价值创造和价值获取的系统化调整。基于此，本书提出假设：

H4：创业者创造力对商业模式创新具有正向影响。

H4a：创业者创造力对价值主张创新具有正向影响。

H4b：创业者创造力对价值创造创新具有正向影响。

H4c：创业者创造力对价值获取创新具有正向影响。

4.2.2　创业者成就需求与商业模式创新

作为创业者特质的重要维度之一的成就需求常被用于区分创业者与非创业者，代表了一种激励个人为了获得成功和卓越而面对挑战的倾向。具有高成就需求的人有三个特点：更喜欢具有明确个人责任范围的工作，能够设定现实的目标，能够对暂时性的目标成就进行复盘和反馈（Klinkosz和Sękowski，2013）。成就需求作为一种内在动机，反映了个体的自我发展信念，能够影响创业者在创业过程中的行为选择和决策偏好。根据活动系统观，商业模式创新是指企业通过改变或重构活动系统的要素或主题，开发和利用新的机会，实现价值再创造的活动（Zott等，2007）。这一过程离不开创业者对于组织决策的制定和发展方向的选择，即创业者特质会影响企业的战略导向。具体来说，成就需求对商业模式创新的影响体现在如下两个方面：

一是高度关注成就需求的创业者可能会采取以顾客为导向的战略，顾客导向是指以理解和满足客户为主要目标的战略（Day，1994），这使得具有高度成就需求的创业者能够建立与客户之间的密切联系（Deshpande等，2013；McGrath等，1992）。商业模式创新中对价值主张的创新的根本在于对客户潜在需求的挖掘，因此，具有高成就需求创业者的企业能够通过建立与客户的紧密联系，充分发掘客户未被满足的需求，有利于企业价值主张的创新，促使企业进行系统化的商业模式创新以高质量的价值创造方式，满足客户的多样化需求。

二是高度重视成就需求的创业者将成就和经济回报视为有价值的目标，他们对绩效结果有着强烈的个人责任感（McGrath等，1992；Morris等，1994）。此外，他们通常专注于提高和控制效率（Collins等，2004）。这在一定程度上会带来企业以效率为核心的价值创造创新和以营利为目的的价值获取创新（Noble等，2002；Porter，1980）。Deshpande等（2013）对具有成就需求的创业者展开研究，发现具有更强成就需求的创业者更可能采用低成本导向战略，通过降低成本增加企业利润。因此具有高成就需求的创业者领导的新创企业，通常可能强调成本最小化和工作效率最大化。价值创造创新涉及对新技术的引入以提升组织生产效率，价值获取创新涉及对组织收入来源和成本结构的调整。因此，本书提出假设：

H5：创业者成就需求对商业模式创新具有正向影响。

H5a：创业者成就需求对价值主张创新具有正向影响。

H5b：创业者成就需求对价值创造创新具有正向影响。

H5c：创业者成就需求对价值获取创新具有正向影响。

4.2.3 创业者风险承担性与商业模式创新

创业者风险承担性表现为创业者承担或规避风险的意愿，是面临不确定的外部环境时创业者愿意行动或给出行动承诺的程度（Sitkin 和 Pablo，2016）。其作为一种稳定的人格特质象征着创业者对于企业外部风险的看法与决定，对不确定机会的追求，以及对具有高风险行为的选择和倾向（Hoskisson 等，2017）。个体的风险承担性影响企业的战略选择（Sherman，1968）。创业者较高风险承担性会驱使企业做出高风险的战略行动，使企业表现出冒险的行为倾向（汪丽等，2012）。张秀娥等（2021）发现具有风险承担性的创业者所在的企业具有更强烈的创新倾向，倾向于打破已有的行业经验或结果明确的计划，避免同质化竞争。具有风险承担性的个体更可能实现对机会的利用，在不确定的环境下敢于利用一切资源完成对高风险机会的开发，通过资源拼凑克服企业资源约束（蒋兵等，2021）。这为企业商业模式创新的实现提供了前提，因为商业模式创新过程就是对大量机会进行开发和利用的过程（Johnson 等，2008；韩炜和高宇，2022）。虽然部分学者发现了创业者风险承担性与企业创新性的积极关系（Kraiczy 等，2015），但一部分研究也表明了风险承担性与企业创新没有影响（Martin 等，2015）。Forlani 和 Mullins（2000）发现创业者更倾向于低风险投资的积极结果。Fairoz 等（2010）的研究发现只有先动性与企业创新显著正相关，而风险承担性与企业创新关系不显著。因此，风险承担性与商业模式创新的关系并不明晰。因此，本书进一步对创业者的风险承担性与企业商业模式创新的关系进行分析。

首先，具有较低风险承担性的创业者会对其所在企业的商业模式创新产生不利的影响。商业模式创新需要创业者大胆地对新方法进行探索和实践，这需要具有一定的风险承担性的创业者找寻现有商业模式之外的替代选择，以确定和采用新的或不同的商业模式（Chesbrough 和 Rosenbloom，2002）。具有低水平风险承担性的创业者通常在不确定来临时，选择缩小规模，最大程度减小外部环境变化对企业造成的影响，这就使得企业只能保持日常的经营活动，无法开展任何形式的创新活动，使企业缺乏进行商业模式创新的信心和动力。同时，商业模式创新不是系统分析的过程而是需要不断耗费资源进行实验的过程（McGrath，2010）。不断变化的客户需求和技术进步需要创业者接受必要实验带来的损失，因此低风险承担性不利于商业模式创新。

其次，当创业者风险承担性逐渐提升时，企业商业模式创新的效果也会随之增强。个体对风险的态度与战略选择之间存在关系（Cameron和Myers，1966；Sherman，1968）。具有更高风险承担性的个体更可能利用机会。具有风险承担性的创业者对创新项目表现出更大的信心，使得创业者表现出对外部风险型机会的积极搜寻，同时会将企业更多的资源投入组织创新（Ling等，2008），通过对创新过程敏锐地把握，有效实施企业的产品或流程创新等一系列创新活动，推动企业商业模式创新的实施。Pérez-Luño等（2011）发现，创业者风险承担性高企业就能产生更多数量的创新，能够提升新产品创新的速度和创新的质量（Kollmann和Stockmann，2014；Wang和Juan，2016）。通过积极拓展和挖掘新市场、新客户，建立新的交易网络，为企业发展提供新动力（Miller和Friesen，1983）。此外，创业者的风险承担性还被发现与组织结构和流程的变化有关（Elenkov和Manev，2005）。因此，适当的风险承担性有助于企业进行商业模式创新。

最后，当创业者的风险承担性超过某一程度后，随着创业者风险承担性的增强，企业商业模式创新行为的有效性开始减弱。过度的风险承担性会造成过度冒险，反而对商业模式创新不利。具有过高风险承担性的个体会对机会的潜在收益具有过高估计，乐观地看待机会的成功率而忽略可能存在的风险。大量频繁的创新会让本就资源有限的创业企业出现资源分布不均的问题，使创业企业陷入财务危机，导致资源利用混乱和无序配置使商业模式创新无法进行。企业做出决策是否有效取决于创业者对外部环境的关注焦点，根据此焦点提出可施行的价值主张，对企业进行系统创新，通过商业模式创新实现对外部环境的积极响应。但实际上，企业可能提出一个新的价值主张构想，但是由于创业者风险承担性很高，容易对自身资源和能力产生误判，导致企业无法支持这一构想的实现，从而无法实现商业模式创新。

综上所述，本书认为，创业者只有拥有适当的风险承担性才能促进企业商业模式创新行为的开展。过高或过低的风险承担性都可能会对企业商业模式创新行为产生负面影响，由此本书推测创业者风险承担性与商业模式创新可能存在倒 U 形的非线性关系。因此，本书提出假设：

H6：创业者风险承担性与商业模式创新存在倒 U 形关系。

H6a：创业者风险承担性与价值主张创新存在倒 U 形关系。

H6b：创业者风险承担性与价值创造创新存在倒 U 形关系。

H6c：创业者风险承担性与价值获取创新存在倒 U 形关系。

4.3 商业模式创新与新创企业成长

学者们已经认识到商业模式创新对企业竞争优势的塑造和企业绩效的重要作用（Foss 和 Saebi，2017）。成功的商业模式创新可以帮助企业实现可持续的竞争优势并使组织绩效获得显著提升。尤其是在动态的市场中，采用商业模式创新的企业比其他竞争对手有着更高的绩效表现（Anwar，2018）。商业模式创新是比产品或流程创新更系统性的变化，涉及价值主张、价值创造和价值获取的创新（Markides，2006；Velu 和 Stiles，2013）。因此，与产品或工艺创新相比，商业模式创新对企业生存和成长的影响程度有所不同。为了深入探索商业模式创新对新创企业成长的作用，本书将商业模式创新解构成 3 个子维度——价值主张、价值创造和价值获取创新（Chesbrough，2010；Clauss，2017），剖析企业是如何通过一系列的价值结构设计促进企业成长的。

1）价值主张创新与新创企业成长

价值主张创新是指企业为客户提供的新产品和服务组合，以及发展新用户或细分市场，建立新的客户关系（Morris 等，2005）。商业模式创新的重点就在于对价值主张的阐释与实现，主要关注什么样的商业模式能够获得客户青睐，强调关注用户对企业价值的感知（Chesbrough，2002）。价值主张创新通过以下方面实现新创企业成长：一是充分满足客户需求，在已有产品或服务的基础上，从客户需求出发，进一步进行产品的开发和改善。通过真正深入了解客户需求，做出更精准的产品创新，满足消费者多样化的需求，提高客户对产品的满意度，以增加产品销量（Priem 等，2012）。二是充分挖掘客户需求，采用"蓝海战略"开辟新的市场，对客户潜在的需求进行挖掘，探索竞争对手没有发现的市场来填补市场空白（Zott 和 Amit，2007）。三是重视客户关系的维护与塑造。数字技术为企业提供了更多了解消费者需求甚至是创造消费者需求的机会。通过改善与客户的关系在增加客户的有效触达产品的同时，获得口碑效应，从而促进企业的成长（Chesbrough，2007；Sjödin 等，2020）。

2）价值创造创新与新创企业成长

价值创造是指企业生产、供应满足目标客户需要的产品或服务的一系列业务活动。无论是开发新客户，还是为原有目标客户提供新的产品或服务，都需要企业开展一系列业务活动进行支持。价值创造的本质是将企业的资源转化为客户的价值，企业必须进行价值创造活动以保证企业价值主张的实现。价值创造创新是指在组织内部引入新技术、开发新资源、塑造新能力、开发新流程，引入新的合作伙伴，使企业能够更好地实现对创业机会的利用（Teece 等，1997；Achtenhagen 等，2013）。通过引入新技术和塑造新能力、改进生产流程等价值创造活动能够加强企业对资源利用的有效性，提升企业效率，从而向客户提供更好、更优质甚至是更便宜的产品和服务，提高客户的满意度，以提升产品销量。如平台型模式就是减少了复杂的营销环节，通过简化流程减少营销、销售和其他沟通支出，并进一步提升企业运营效率，降低企业运营成本，促进新创企业成长（Gronum 等，2016；Wei 等，2017）。对于新创企业来说，企业资源和能力相对欠缺，通过引入新的合作伙伴能够使多能力主体参与到企业的价值创造活动中实现协同，进一步降低研发风险与交易成本。如企业可以通过外包等合作模式，创建额外的资源和能力访问权限，使组织能够在新机会出现时迅速扩大规模（Giesen 等，2010；Hu，2014）。价值创造创新往往对竞争对手不可见，因此不易被模仿，能够保障企业的可持续成长。

3）价值获取创新与新创业企业成长

价值获取创新是指通过改变收入模式或成本结构来创新企业的核心

收益逻辑（Spieth 和 Schneider，2016）。Giesen 等（2007）将"收入模型创新"称为有效创新商业模式的三大途径之一。新的收入来源包括对定价模式（例如购买或租赁产品）、收入持续的时间（例如订阅模式或常规服务合同，而不是一次性交易）以及产生收入的来源（如营销合作伙伴）等方面进行创新（Clauss，2017）。Hinterhuber 和 Liozu（2014）强调定价策略创新的重要性，通过新的定价方式不仅能够增加企业利润还能提高客户的满意度。如吉列的剃须刀和刀片组合销售以及 Netflix 提出订阅服务都是通过定价策略创新获取销量增长。因此，企业需要以新的收入模型实现价值获取创新，使初创企业能够有效地将消费者的支付意愿转化为收入（Johnson 等，2008；Rietveld，2018）。新的成本结构实际是指对企业生产和交付成本、固定和可变成本比例等进行调整（Clauss，2017）。实际上，价值获取创新是一个系统性的工作，新创企业既要通过提出新颖的定价策略参与竞争，同时也要注意对成本结构的调整以保证新创企业能够获得充足的利润，实现价值主张或价值创造过程的"货币化"。基于此，本书提出如下假设：

H7：商业模式创新对新创企业成长具有正向影响。

H7a：价值主张创新维度对新创企业成长具有正向影响。

H7b：价值创造创新维度对新创企业成长具有正向影响。

H7c：价值获取创新维度对新创企业成长具有正向影响。

4.4　商业模式创新的中介作用

在不断变化的外部环境背景下，创业者需要将其创造性和成就需求等人格特质作用于企业的创业活动之中，通过制定企业战略决策对企业资源进行有效整合，提升企业能力，实现创业者基于不同特质识别机会从而加以商业化利用。在要素视角下，商业模式创新是对企业经营过程中的核心要素以及要素之间连接方式的系统性革新。因此，在动荡的外部环境下（数字技术涌现、客户需求多变），具有不同特质的创业者通过企业商业模式创新这一活动，实现对外部机会的转化从而创造价值，以实现企业的成长。已有研究提出了商业模式创新作为企业内外部环境变化与企业绩效之间中介作用的模型（Foss 和 Saebi，2018），创业者作为企业感知外部环境变化的重要途径，依个人特质对外部环境的独特反应体现在企业商业模式的变化之中，据此可以认为商业模式创新在创业者人格特质与新创企业成长之间起中介作用。

1）商业模式创新在创业者创造力与新创企业成长之间的中介作用

一方面，创业者创造力能够为企业提供新创意和新思想，通过创新商业模式转化为价值，促进企业成长。创造力的积极属性赋予创业者创新商业模式的意识（Tu 和 Yang，2013；Merlo 等，2006），这对于企业创新活动的开展具有重要意义。企业商业模式是在企业创立初期形成的较为稳定的模式，所以企业进行商业模式创新必须克服原有资源配置方式与新资源配置方式之间的冲突，这需要极强的创新意识以突破思维惯性。具有创造力的创业者还会形成创新的组织氛围，使创业团队通过各种形式的头脑风暴，增加可利用想法的数量，这种创新的新想法必须通过运用组织资源转化为产品、服务或组织流程等方面的创新，才能实现创意向价值的转化，被顾客认可和接受，促进企业产品或服务的提升。因此，创业者需要运用组织内产生的创造性的想法，借助商业模式创新为顾客提供全新的价值主张，引领新创企业有效开展系统性的创新，如开辟新市场、开发新产品、建立与顾客的新联系，向顾客不断传递企业价值以增加产品销量。

另一方面，具有创造力的创业者更善于使企业通过创造性的资源整合，激活原本缺乏活力的资源要素、物质资产，在动荡环境下突破新创企业资源约束。创造性地解决问题其目的不是获取资源，而是通过资源优化企业运营流程，建立核心能力并创造价值。因此，创造性地解决问题的思路克服了商业模式创新的阻碍，促使企业形成价值创造创新。创造力还能帮助企业开发出创新的交易机制，加速资金在企业内外部的流动，实现以价值获取为主要活动的商业模式创新，进一步带来新的收入流，促进新创企业利润增加。基于此，本书提出以下假设：

H8a：商业模式创新在创业者创造力与新创企业成长间起中介作用。

2）商业模式创新在创业者成就需求与新创企业成长之间的中介作用

一方面，由前文可知，具有成就需求的创业者对于以顾客需求为行动准则的呼吁（Day，1994）使得具有成就需求创业者领导下的企业实施如快速搜集市场信息、分析及预测市场需求的行动。在顾客需求呈现多样化和不确定性的背景下，这种搜索和预测行为对新创企业的产品或服务能否被市场认可具有重要作用。以顾客为导向的新创企业，会尝试通过向顾客提供不断更新的产品和服务以满足顾客需求，不断向顾客传递企业价值，加速价值主张创新（Domi等，2020）。对顾客需求的关注还有利于提高企业行为的有效性，使得开发出的新商业模式与外部环境适配。以顾客为导向的行动策略不仅在于对客户需求的关注，更需要企业在保证为客户提供价值的同时，实现企业自身价值。因此在确定以顾客为导向的行动策略之后，企业会系统性地实施商业模式创新，将洞察到的客户需求转化为价值，通过提供令客户满意的产品与服务或改善运营流程更好地服务客户，增加客户对产品的认可度从而增加产品销量。

另一方面，具有成就需求的创业者能够通过设定清晰的行动目标，指导企业商业模式创新行动。一旦创业者感知到新的机会，就需要制定大量的决策，如产品架构、合作网络、资源调用等，以有效地将新的机会纳入到现有或新的商业模式之中。因此，制定明确的企业目标对于提出新颖明确的价值主张具有促进作用，一个明确的价值主张会使得消费者感知到企业传递的价值从而增强其购买的意愿，提升产品销量。清晰明确的目标对于指导企业价值创造和价值获取也至关重要，例如引入新技术之后如何进行运用、如何通过引入新的合作伙伴重构组织流程以及明确构建新的定价策略都需要创业者提出明确的方向，在团队成员的一致努力下实现。当企业成功完成产品的开发以及运用新技术完成企业的竞争优势的打造、构建新的收入成本模型后，企业就能够通过对资源的有效转化实现成长。基于此，本书提出以下假设：

H8b：商业模式创新在创业者成就需求与新创企业成长间起中介作用。

4.5 共享愿景的调节作用

如前文所述，创业者人格特质通过影响创业者对外部机会的识别，通过作用于企业战略决策的制定与实施，推动企业的商业模式创新。由于商业模式创新是企业对组织资源的协调和配置，涉及组织所有成员对机会的共同开发和利用，因此要求新创企业在进行商业模式创新时，充分发挥组织成员对机会的利用能力，对资源的协调能力。由于组织成员的多任务目标，组织成员需要关注各种问题，其注意力通常是分散的（Ocasio，1997）。因此组织内常存在冲突，使创新遭遇各种类型的阻碍。组织内共享愿景提高了组织成员之间的理解程度，减少了团队中的冲突，加快了团队决策和采取行动的速度，并增加了所有成员对组织的承诺（Sinkula等，1997）。因此，组织内共享愿景使组织运行更有效率。共享愿景指的是组织成员在多大程度上对企业的未来发展有集体目标和共同愿望（Larwood等，1995；Stress等，2018），它支持着组织集体目标的实现和企业未来发展愿望的达成。共享愿景可以避免组织内的冲突，改善成员间的沟通，并实现组织内资源和知识的快速流动（Doorn等，2013；Tsai和Ghoshal，1998）。

为了将创业者人格特质成功转化为企业商业模式创新，高度的共享愿景有3个支持含义：第一，组织内共享愿景会影响组织成员注意力的分布，使组织将资源应用于最有价值和最合适的想法上（Wang和Rafiq，2009），这可能会促进商业模式创新的实现。在企业创立之初，创业者对创业团队、市场、企业管理相对陌生，新创企业要求组织成员将注意力集中在"将手头的资源组合应用于新问题和机会来完成任务"。第二，共享愿景确保了组织内对战略计划的支持，是实现创新的重要驱动因素（Tsai，2002）。具有共享愿景的组织其内部的知识和信息高度共享，这可能会使组织在战略决策的过程中生成必要的知识和信息，从而促进组织战略的制定和实施（汪丽，2006）。另外，组织内的愿景共享与信息共享有助于成员间任务的分配以及专业的人力资本配置（Ring和Van，1994），这有利于组织战略决策更迅速地执行，保证组织的灵活性（Jansen等，2008）。第三，创业者通过相关活动为组织成员提供隐含的方向，组织成员通过与创业者的沟通和相处能够隐性地了解创业者的目标和价值观（Breugst等，2012）。创业者向组织成员传达目标和价值观的方式与组织内成员分享这些目标和价值观的程度有关。拥有更高程度共享愿景的企业能够确保所有成员也拥有共同的目标和价值观（Tsai和Ghoshal，1998）。由于企业的共享愿景是自上而下在组织中实施的（Selznick，1957；Wang和Rafiq，2009），因此创业者人格特质为企业提供的隐性方向与组织内共享愿景提供的显性方向之间的相互作用与组织创新行为有关。

基于此，本书引入共享愿景这一团队情境，探讨其在创业者不同人格特质与商业模式创新关系中的作用。共享愿景一方面能够引导组织内资源的流向并使相关知识共享，这有利于组织进行创新。另一方面组织内共享愿景与创业者人格特质所提供的隐性方向相辅相成，为企业发展提供明确的方向。因此，一个具有鲜明人格特质的创业者在具有高度共享愿景的组织中采取行动，创业者的人格特质与商业模式创新的关系会得到增强。具体而言，本书做出如下假设：

1）共享愿景在创业者创造力与商业模式创新之间的调节作用

首先，共享愿景促进了知识和资源在组织内的流动，有助于创业者对组织内有价值想法的发现和利用。资源和知识的流动使组织成员实现跨部门协作（Baer，2012；Im等，2013），这使得有创造力的创业者开展各种形式的创新活动，为商业模式创新奠定基础。当企业具备较高水平的共享愿景时，组织中资源、信息和知识就能够在组织内高速流通（Strese等，2018），这有助于创业者通过组织快速的信息传播速度发现更多有价值的想法，并有助于企业的资源快速调用以支持有价值想法的利用，以创造出新知识。这些新知识和新想法将极大程度地推动有创造力的创业者进行各种形式的创新活动，为组织更新价值主张等创新活动提供创新的来源。

其次，具有创造力的创业者所领导的组织，在共享愿景的作用下会形成以强调创新和创造为目标的发展方向和组织文化。在这样的组织文化影响下，能够形成激发组织内成员创造力的工作条件，使组织成员产生对创新等目标的更深刻的理解（Cohen 和 Toleman，2006），形成以创新为优先的工作作风，此时，组织内会涌现更多的新思维和新想法应用于对组织资源的利用与核心能力的塑造，为企业获取价值。基于此，本书提出如下假设：

H9a：共享愿景正向调节创业者创造力与商业模式创新之间的关系。

2）共享愿景在创业者成就需求与商业模式创新之间的调节作用

共享愿景加强了组织员工对于共同目标的理解和承诺，以及形成追求高成就的组织氛围，促进组织内部个体间的合作，这将有助于组织成员与组织一同完成具有挑战性的目标，从而加强创业者成就需求对商业模式创新的作用。如前文所述，创业者成就需求有利于为企业设定高目标，在目标导向的作用下更好地实施企业的商业模式创新。当企业具备较高水平的共享愿景时，组织成员就会对创业者设置的高目标达成一致的理解和认同（Gupta 和 Govindarajan，2000），它确保了所有组织成员对这样做的重要性有共同的理解（Tjosvold，1998），然后花更多的时间和精力为产品/服务的新用途部署资源（Jansen 等，2008）。这有助于创业者通过组织成员的共同性理解避免不必要的冲突和解释，Tsai 和 Ghoshal（1998）发现具有共同目标的组织成员更有可能建立一种合作关系，增加组织不同个体间的接触和互动，从而有助于协作克服战略实施过程中的阻碍。从而在实施商业模式创新的过程中发挥组织成员自身的能力推动企业商业模式创新的实践。另外，在组织内共享愿景的作用下，每个团队成员都坚定地效力于企业。因此在遇到困难时会通过各种方式努力克服挑战。具有高成就需求的创业者能够激励组织成员也形成一种高成就需求，增加员工超预期表现的意愿，使得组织成员能够采取行动并积极参与问题的解决或机会的利用，而不是犹豫是否可以从手头的东西中获得预期结果。团队可以更多地关注解决问题和寻求机会，并及时采取行动（Doorn 等，2013）。组织内共享愿景有助于获取外部资源（Jansen 等，2008），有助于新企业通过将现有资源与外部资源结合来利用现有资源（Hmieleski 和 Ensley，2007），通过新的方式组合资源和引入新的资源组合来解决问题和抓住机会（Larwood 等，1995）。因此，组织内共享愿景有助于将手头的资源用于新的目的，通过重新部署资源以实现对机会的利用，从而有利于商业模式创新的实现。基于此，本书提出假设：

H9b：共享愿景正向调节创业者成就需求与商业模式创新之间的关系。

3）共享愿景在创业者风险承担性与商业模式创新之间的调节作用

如前文所述，创业者过高或过低的风险承担性都可能导致企业无法成功进行商业模式创新。具有风险承担性的创业者会在组织内尝试多种形式的创新（Pérez-Luño等，2011），在共享愿景的作用下创业者会将个人的风险承担思维传递给组织成员，从而营造一种冒险的倾向或在组织成员的愿景共享过程中形成一种冒险的组织氛围，这可能为员工提供高水平的自由裁量权（Lewis和Boyer，2002；Khazanchi等，2007；Shao，2019）。在冒险的组织氛围中，组织成员可以自由表达个人意见，并因为高水平的心理安全感在企业创新过程中采取更为积极和大胆的行动（McLean，2005；Khazanchi等，2007），促进组织内开展更为大胆的创新尝试实现对更多新类型商业模式的积极探索，从而强化创业者风险承担性对商业模式创新的作用效果。同时，共享愿景还为组织成员的沟通营造了开放的环境，组织内信息交流和资源调配会更加顺畅，在这种情况下具有风险承担性的创业者所鼓励的试错行为会更加有效（Nahapiet和Ghoshal，1998）。由于组织试错周期的缩短，对新商业模式的开发效率将大大提升。这加强了具有一定风险承担性的创业者对商业模式创新的正向影响。

但当创业者具有过高的风险承担性时，创业者盲目的冒险行为可能会使组织进入不成熟市场，开发不成熟的技术。共享愿景强化创业者风险承担对商业模式创新的消极作用。共享愿景使组织成员将个人目标置于组织目标之中，表现出对组织领导者的信任与依赖。因此，在较高共享愿景的作用下组织成员会信服领导的判断，这可能会导致"群体极化"的现象。过度冒险的组织文化鼓励成员偏离现有框架表现出对错误的高容忍度（Khazanchi等，2007）。当创业者风险承担性过高时，在共享愿景的作用下员工往往会继续冒险并参与到不切实际的实验之中

（Bledow 等，2011；Sarooghi 等，2015），使得组织在对风险型机会开发和利用的过程中为员工支付额外的试错成本（Sarooghi 等，2015），导致资源的严重浪费使本就缺乏资源的组织无法实现创新要素的引入和系统性的革新，导致商业模式创新失败。基于此，本书提出假设：

H9c：共享愿景在创业者风险承担性与商业模式创新的倒 U 形关系间起正向调节作用。在共享愿景的作用下，创业者风险承担性与商业模式创新之间的倒 U 形关系会被强化。

综上所述，本书共提出 24 条研究假设，具体内容见表 4-1。

表4-1　　　　　　　　　　　本书研究假设汇总表

研究假设
H1：创业者创造力对新创企业成长具有正向影响
H2：创业者成就需求对新创企业成长具有正向影响
H3：创业者风险承担性与新创企业成长存在倒 U 形关系
H4：创业者创造力对商业模式创新具有正向影响
H4a：创业者创造力对价值主张创新具有正向影响
H4b：创业者创造力对价值创造创新具有正向影响
H4c：创业者创造力对价值获取创新具有正向影响
H5：创业者成就需求对商业模式创新具有正向影响
H5a：创业者成就需求对价值主张创新具有正向影响
H5b：创业者成就需求对价值创造创新具有正向影响
H5c：创业者成就需求对价值获取创新具有正向影响
H6：创业者风险承担性与商业模式创新存在倒 U 形关系
H6a：创业者风险承担性与价值主张创新存在倒 U 形关系
H6b：创业者风险承担性与价值创造创新存在倒 U 形关系
H6c：创业者风险承担性与价值获取创新存在倒 U 形关系
H7：商业模式创新对新创企业成长具有正向影响
H7a：价值主张创新对新创企业成长具有正向影响

续表

研究假设
H7b：价值创造创新对新创企业成长具有正向影响
H7c：价值获取创新对新创企业成长具有正向影响
H8a：商业模式创新在创业者创造力与新创企业成长间起中介作用
H8b：商业模式创新在创业者成就需求与新创企业成长间起中介作用
H9a：共享愿景正向调节创业者创造力与商业模式创新之间的关系
H9b：共享愿景正向调节创业者成就需求与商业模式创新之间的关系
H9c：共享愿景在创业者风险承担性与商业模式创新的倒 U 形关系间起调节作用

4.6 本章小结

本章的目的在于探究创业者人格如何通过商业模式创新影响新创企业成长，并以共享愿景为调节变量，进一步分析创业者人格特质对企业商业模式创新影响的边界条件。结合第 3 章的理论模型，并通过现有文献的支持和理论推演，本书提出包括子假设在内的 24 条假设。首先，本章讨论了创业者创造力、成就需求、风险承担性与新创企业成长间的直接关系；其次，论证了商业模式创新在创业者创造力、成就需求与新创企业成长之间的中介作用；最后，进一步探究共享愿景对商业模式创新的调节作用。

5 研究设计

本章基于第4章提出的24条研究假设，对理论假设开展实证检验设计。首先选择对模型中各个变量进行测度的方法，通过对国内外现有成熟量表的整理与参考，对各个变量的测量量表进行甄选和设计。之后遵循现有设计调查问卷的方法，对调查问卷开展了严谨与科学的设计和编排。通过预调研修改优化初始调查问卷，根据创业者和领域专家的建议对问卷进行调整和完善，最终形成正式的调查问卷并开展了大规模的正式调研。本章还对调研样本的搜集过程、样本特征进行了描述，对问卷的有效性进行了检验。

5.1 问卷设计

一个合格的研究设计应该以研究问题为导向，以变量间的逻辑关系为依据，设计出清晰、连贯、有层次的研究逻辑体系，以针对性地解释研究问题。因此，本章在进行文献阅读和总结的基础上，结合第3章的案例研究，确定核心变量并形成了核心变量间的基本逻辑关系。为验证核心变量间的逻辑关系，采用问卷调查法这一社会学常用的定量研究方法进行调查。问卷调查法是指调查者运用统一的问卷向被选取调查对象了解情况的调查方法。问卷调查法与其他研究方法相比较具有如下优点：一是科学的问卷能够快速且高效地搜集相关数据；二是通过问卷能够搜集足够的数据，这在统计学意义上保证了数据的有效性；三是通过结构化的问卷调查，更容易得到被调查者的信任。这不仅使测量结果更易被量化，且保证了被调查者不受主观因素的干扰，有利于进行数据分析和统计。

为了确保问卷调查法能够满足研究需求，问卷的设计、实施、搜集，数据的处理和分析都需要按照一定的原则进行。为了使这一过程更加具有科学性、严谨性和有效性，我们在问卷设计的过程中遵循了以下几个原则：一是全面性，要求问卷题项满足调查的全部需要；二是合理性，问题顺序应富有逻辑性，从简单到复杂，从客观到主观；三是通俗性，问题的设置要尽量通俗易懂而非学术性的语言；四是注意问题的中立性，使被试不受问题倾向的影响。基于问卷设计的原则我们进行了以下几个步骤以确定问卷的最终形式：

①根据研究目的，明确问卷内容。研究的目的是问卷设计的总体方针和指引，一个完整的调查过程应该有特定的目标进行指引，防止研究内容的缺失。本书的研究目的是获得大量的样本数据，对创业者的创造力、成就需求以及风险承担性对新创企业成长的作用过程进行假设检验。涉及的主要变量如下：创业者创造力、成就需求、风险承担性、商业模式创新、共享愿景以及新创企业成长。因此本书的问卷设计应当围绕这些变量及其相关关系展开。

②在查阅有关文献的基础上，甄选和修正测量量表。采用文献调查法，对与核心变量相关的实证文献及有关核心变量量表开发的文献进行系统梳理，重点筛选出发表在权威期刊且引用量较高的量表，结合本书的研究目的将文献梳理所得的不同量表进行筛选和匹配。对测量量表的使用情境、研究背景、研究对象进行考察和比对，最终筛选出符合本书的研究背景和研究对象的量表。初步确定了测量创业者创造力、成就需求、风险承担性、商业模式创新、共享愿景以及新创企

业成长等相关变量的量表。由于甄选所得的量表多为英文量表，因此需要对相关的量表进行双向翻译，由多人对量表进行反复中英互译，对比量表间差异并进行沟通和修改，直到英文量表的意思在中文量表中获得完全呈现。对中文量表中的专业术语进行通俗化解释，目的是使被调查者能够没有偏差地理解问题，防止歧义的产生。还邀请了创业团队的创业者以及相关领域的专家对问卷的合理性和规范性进行了进一步修正，最终形成了问卷题项的设计。

③问卷结构安排。问卷由封面、引导语、企业及创业者基本情况调查及相关变量题项构成。第一部分对调研者的身份、调研的目的、问卷发放的时间、问卷回收方式进行说明，并对涉及受访者隐私性的内容进行保密声明。第二部分涉及被调查者的基本情况，包括受访者的性别、教育背景、年龄、所在行业经验，受访者所在企业的情况，涉及企业的名称、成立时间、企业员工数量以及行业类别等问题，为搜集控制变量数据奠定基础。第三部分是问卷主体部分，涉及创业者创造力、创业者成就需求、创业者风险承担性、商业模式创新、共享愿景以及新创企业成长等核心变量测量量表的题项。采用李克特7点量表法对核心变量进行测量，受访者根据自身情况以及对企业的认识对关于其人格特质、商业模式创新以及企业成长情况等题项进行回答。

④进行问卷预调研并对初始问卷进行修正。首先就问卷的合理性和准确性与长春市的3家企业的10位访谈人进行了深入沟通，通过反馈剔除了问卷表述不清、难以回答或不愿回答的问题。通过预调研搜集120份有效问卷进一步对调查问卷进行完善和修正，最后形成正式调查问卷。

⑤正式调研。在正式调研前对发放问卷的人员进行培训。针对调研目的与问卷内容进行讲解，规范发放流程以减少来自调研人员的干扰。

5.2 变量测量

5.2.1 创业者人格特质

1）创业者创造力

创业者创造力（FC）是指创业者具有发散性的思维能够产生原创性的想法，对专业领域知识的灵活运用，创造性地解决企业存在的问题，以及不断寻求创新（提出用新方法实现目标、对问题涌现新观点）的内在任务动机（Amabile，1996）。从案例研究中可以发现，创业者创造力表现在创业者创新性的行为倾向，提出有创意的新点子，创造性地解决企业经营中的问题以及对组织创造力的支持。现有关于创业者创造力的研究中，Gao 等（2021）通过"我能提出创新性想法"等 5 个题项测量创业者创造力，Khedhaouria（2015）采用了 4 个题项测量创业者创造力，单标安等（2018）在中国情境下对 Khedhaouria（2015）的创业者创造力量表进行适当改进，用 4 个题项对中国情境下的新创企业创始人创造力进行测量。本书将创业者创造力作为整体研究对象进行测量，结合 Khedhaouria（2015）和单标安等（2018）所开发的成熟量表对创业者创造力进行测量，包括 4 个测量题项，具体见表5-1。

表5-1　　　　　　　　　　创业者创造力的测量量表

变量	题项	来源
创业者创造力	FC1：我有信心能够创造性地解决企业经营中出现的问题	单标安等（2018）；Khedhaouria（2015）
	FC2：我总是能产生原创性的想法	
	FC3：在工作中我总能尝试用新方法解决问题	
	FC4：在企业中我能担任好在创造性方面的角色	

2）创业者成就需求

创业者成就需求（FNach）是指创业者设定高的具有一定挑战性的目标，并表现出对完成目标的愿望，对已有的成就不轻易满足（Lee 和

Tsang，2001）。具有成就需求的个体通常表现在拥有困难克服的决心，以及能够"尽善尽美"地完成目标的使命感。理论研究发现，高成就需求的个体会设定困难但可实现的目标，努力追求绩效，计算风险，容忍歧义并对其行为的后果承担个人责任（McClelland，1961；Johnson，1990；Sagie，1994）。从案例研究中发现，创业者成就需求主要表现在创业者为企业设置高目标，对实现目标的渴望和坚持，选择从事更具有挑战性的工作。基于成就需求的主要表现，本书结合 Gjesme 和 Nygar（1970）以及 Lee 和 Tsang（2001）开发的测量量表，依据研究对象和研究目的以及与专家和企业家的商榷，最终通过 4 个题项测量创业者成就需求，见表 5-2。

表5-2　　　　　　　　　　　**创业者成就需求的测量量表**

变量	题项	来源
创业者成就需求	FNach1：对我而言工作是我实现目标的方式	Gjesme 和 Nygar（1970）；Lee 和 Tsang（2001）
	FNach2：遇到困难我会乐观面对，并感到挑战带来的兴奋感	
	FNach3：我不会轻易满足于目标的实现，直到达到期望	
	FNach4：我喜欢参与到复杂且有挑战的活动并尽力完成	

3）创业者风险承担性

创业者风险承担性（FRT）是指创业者愿意在企业经营的过程中，追求高风险高收益的项目并为之付出代价的一种倾向或行动承诺（Lumpkin 和 Dess，1996）。尤其是在生存环境动荡、资源约束度高的情况下，风险承担性意味着创业者敢于打破常规、容忍和接受偏离传统、挑战权威的观点和行为的倾向（Chen 等，2015）。理论研究表明创业者风险承担性是指其在多大程度上愿意将资源不断投入到结果不确定的机会中，即创业者为了追寻高报酬的市场机会而不惜投入大量资源以获利的倾向。通过案例研究发现，创业者风险承担性具体表现在创业者将大量资源投入到高风险的项目中，愿意承担更大的经营风险，在风险面前表现出对内外部环境变化的大胆预判，以非常规的方式应对风险等行为。现有对风险承担性的测量量表有主观和客观两种方法。主观方法主要通过创业者自我评价测量进行，代表性的方法是 De Carolis（2010）开发的量表，他从创业者面对不确定性的态度、投资倾向等方面对创业者的风险承担性进行测量。国内学者张秀娥等（2021）、单标安等（2018）在对中国创业者进行研究时普遍采用 De Carolis（2010）开发的量表。客观方法则是通过企业经济指标进行判断，代表性的方法是齐秀辉等（2020）的研究中通过企业风险资产占比等指标反映创业者风险偏好，风险资产越多代表创业者的风险承担性越强。本书基于理论分析和案例研究的实际情况，选取主观方法对创业者风险承担性进行测量，因为新创企业具有资源不足的问题且在初创期对于资源投入存在较大波动，借鉴 De Carolis（2010）的测量方法，选取 3 个题项对变量进行测量。具体量表见表5-3。

表5-3　　　　　　　　创业者风险承担性的测量量表

变量	题项	来源
风险承担性	FRT1：我在企业的经营上能够承受较大的风险以把握机会	De Carolis（2010）
	FRT2：我会倾向选择一些高风险、高回报的项目	
	FRT3：当风险来临时企业应该采取更为大胆迅速的行动	

5.2.2　商业模式创新

关于商业模式创新（BMI）的测度问题，学者们的探索由来已久。Teece（2010）从创新产品和服务的新技术、新客户收益、新目标市场、新的收入流、新的价值获取方式维度对企业商业模式创新进行测度。Clauss（2017）在综合商业模式创新过程的相关研究后，开发出包含价值主张、价值创造与价值获取创新的多层测量模型。Latifi 等（2021）通过价值创造、价值传递和价值获取维度的 7 个题项开发中小企业商业模式创新测量模型。通过案例分析发现，企业商业模式创新在实践过程中主要表现在产品或服务、企业核心能力、生产流程、合作网络、客户关系以及盈利方式方面的创新。因此，本书对商业模式创新的测度借鉴

Clauss（2017）和 Latifi 等（2021）的方法，结合中国背景下新创企业的管理实践，采用 14 个题项测量企业商业模式创新。同时还对商业模式创新的 3 个维度进行测量，以各子变量测度得分的均值作为一级变量的值（价值主张创新、价值创造创新和价值获取创新），再由一级变量作为二级变量（商业模式创新）的多重衡量指标。其中价值创造创新是对企业能力、流程和合作伙伴的创新，包括对核心能力、生产流程、合作关系以及组织流程的创新水平的测量；价值主张创新是对企业向顾客提供产品或服务的内容和方式上的创新，包括市场供给、产品主要市场以及客户关系的创新水平的测量；价值获取创新是对企业获取利润模型的创新，包括对新的收入模型和成本模型创新水平的测量。最终通过 3 个维度 14 个题项的量表进行商业模式创新的测量，测量量表见表 5-4。

表5-4　　　　　　　　　**商业模式创新的多维度测量量表**

变量	维度	题项	来源
商业模式创新	价值创造创新	VCI1：通过培训，我们的组织成员发展了新的能力	Clauss（2017）；Latifi 等（2021）
		VCI2：我们能够不断反省和思考以获得应对市场变化所需的新能力	
		VCI3：我们能够搜寻和使用新的技术机会以创造价值	
		VCI4：我们不断寻求新的合作伙伴	
		VCI5：我们能够将合作伙伴纳入新流程以实现机会利用	
		VCI6：我们能够不断地对组织和生产流程进行革新	
	价值主张创新	VPI1：我们能够识别客户全新的或者需要被满足的需求	
		VPI2：我们的产品/服务与竞争对手相比更具有创新性和有用性	
		VPI3：我们擅长为我们的产品/服务寻找新的客户细分市场	
		VPI4：我们能够花费时间和精力在建立与客户的新关系上	
		VPI5：我们经常尝试新的（不同的）产品/服务的分销渠道	
	价值获取创新	VCAI1：我们能够开发新的收入来源	
		VCAI2：我们积极探索如何减少制造成本	
		VCAI3：我们对产品/服务的价格质量进行定期反思	

5.2.3　新创企业成长

新创企业成长（EG）被视为创业的重要目标（Davidsson等，2006）。企业成长主要包含两个方面：一是企业"量"的增长，如企业产出量、销售量；二是企业"质"的提升，是企业发展过程中运营、产品、服务质量的提高（Penrose，1959，Davidsson等，2010）。新创企业成长意味着创业的成功对经济发展以及财富创造至关重要（Gupta等，2013）。已有研究从市场和财务两方面对新创企业成长性进行衡量。财务指标能直观反映企业在一段时间内的成长情况，如曾雅婷等（2022）使用净资产增长率、营业收入增长率进行度量。也有学者使用市场份额增长率、员工数量增长率（陈宇和郝生宾，2022）从市场角度衡量企业成长性。还有研究用绝对值和相对值对新创企业成长进行评估（Davidsson和Wiklund，2006）。员工人数、销售额和市场份额的增长在管理学领域作为新创企业成长的衡量指标已形成较为一致的共识（Antončič和Hisrich，2001；Guo等，2016）。销售额增长是衡量企业成长的最常用指标，因为企业销售额增加表明客户对企业产品/服务的接受度升高，它反映了市场对企业产品/服务的需求更强烈（Wiklund，1999）。员工数量的增长代表了企业规模的扩大，能够直观反映企业的成长情况。市场份额代表了企业在行业中的地位，有时销售额受环境影响会产生波动，企业在行业中的竞争地位也能反映企业的成长情况。案例研究发现，企业的高成长性通常表现在企业在行业内的领先地位、销售额的大幅增加以及企业规模的扩张。因此本书对新创企业成长的测量借鉴了Gilbert（2009）与Guo等（2016）的研究，采用企业销售收入的增长速度（EG1）、市场份额的增长速度（EG2）和企业员工数量的增长速度（EG3）这3个指标进行衡量，由被访谈者根据企业情况进行评价。测量量表见表5-5。

表5-5　　　　　　　　　新创企业成长的测量量表

变量	题项	来源
新创企业成长	EG1：企业销售收入的增长速度	Gilbert（2009）；Guo等（2016）
	EG2：企业市场份额的增长速度	
	EG3：企业员工数量的增长速度	

5.2.4 共享愿景

共享愿景（SV）是指组织成员对企业未来发展具有的集体目标和共同愿望（Larwood等，1995；Tsai和Ghoshal，1998）。共享愿景能够防止可能的误解，并改善组织成员之间的关系。具有共同目标的组织成员更有可能成为合作伙伴，并在组织内自由地交流和分享资源、知识。在共享愿景的测量方面，大部分学者将共享愿景视为单一维度的变量（吴言波等，2021），也有部分学者将共享愿景作为社会资本或学习导向的子维度之一进行探讨（Merlo，2006）。在将共享愿景作为独立变量进行测量的研究中多数学者采用主观测量法对共享愿景进行测度。Baker和Sinkula（1999）开发了6个题项的测量量表，Stress等（2018）提出用"创业者向员工共享公司的任务"等5个题项对组织共享愿景进行测度。借鉴Stress等（2018）、Baker和Sinkula（1999）使用的对共享愿景的测量量表，采用4个题项对变量进行测度。测量量表见表5-6。

表5-6 **共享愿景测量量表**

变量	题项	来源
共享愿景	SV1：所有员工致力于达成组织目标	Stress等（2018）；Baker和Sinkula（1999）
	SV2：企业的价值观和使命会定期传达给员工	
	SV3：员工将自己视为制定公司方向的合作伙伴	
	SV4：企业拥有明确的愿景	

5.3 控制变量的选取

本书关注的问题是新创企业创业者人格特质对企业商业模式创新以及新创企业成长的影响，为排除其他变量对研究结果的影响，分别对创业者个体层面相关变量和企业层面相关变量进行控制。根据高阶理论，创业者人口统计学特征会影响企业战略和绩效，因此选取创业者教育背景、从业经验、年龄等作为个体层面的控制变量；根据企业生命周期理论，将企业规模、企业成立时间以及行业类别作为企业层面的控制变量。

Lee和Tsang（2001）以及Politis（2005）在对创业者的研究中发现了创业者的过往经历、行业经验以及教育水平会对企业绩效产生影响，尤其是创业者教育水平与企业成长具有显著相关关系。因此本书将教育水平和过往经历、行业经验作为创业者个体层面的控制变量。企业规模的差异也会影响新创企业创业者的相对地位。与大型企业相比，小规模企业中创业者人格和组织特征之间的关系更强（Miller和Toulouse，1986）。规模过大的企业权利会更加分散，可能会削弱创业者特质对企业产生的影响。还有研究表明企业的成长阶段与企业创新程度存在相关关系（Heunks，1998）。此外，不同行业性质的企业商业模式创新方式有较大差别，考虑到以上因素将企业规模、企业年龄和企业所在行业作为企业层面的控制变量。

创业者的过往经历用从业年限度量，1表示从业经历小于5年，2表示从业经历为5~10年，3表示从业经历为10~15年，4表示从业经历大于15年。教育水平1代表高中以下学历，2代表大专学历，3代表大学本科学历，4代表硕士及硕士以上学历。使用企业员工数量来衡量企业规模，1表示20人以下，2表示21人至50人，3表示51人至100人，4表示100人至200人，5表示200人以上。企业年龄根据企业成立时间进行换算，1表示1~3年，2表示3~5年，3表示5~8年。企业所在行业用1表示科技型企业，2表示非科技型企业。

5.4 预调研及问卷修正

在对核心变量量表进行选择和确定之后，本书初始调查问卷一共包括32个题项。本次测量采用的量表多为国外成熟量表，为了使原始量表符合中国情境下的管理研究，且为了保证题项的数量和发问方式能够充分反映被调查者的真实情况，本书通过预调研的方式对问卷题项进行修正，以确定正式的调查问卷。我们选择新创企业进行预调研，根据探索性因子分析的最低样本量要求（样本量不低于概念模型中的变量数或问卷题项数的5~7倍，本书涉及6个主要变量），选择了上海、北京、杭州、长春在内的190家企业进行了问卷发放，共发放问卷190份，回收问卷154份。在对数据进行清洗之后，获得了有效问卷120份，综合问卷有效率为63.2%。通过搜集小范围的预调研数据对问卷信效度进行检验，信效度检验使用探索性因子分析的方法。在做因子分析之前需要判断数据是不是适合进行因子分析，研究者通常使用SPSS对所得数据进行KMO值及Bartlett球形检验。吴明隆（2010）提出若KMO>0.7且Bartlett球形检验显著性水平<0.05，则说明该数据适合进行因子分析。本书利用SPSS26.0软件对预调研的数据进行KMO和Bartlett球形检验。由检验结果可知，KMO值为0.905，显著性为0.000，这一结果说明本研究量表可以进行因子分析。结果见表5-7。

表5-7 　　　　　　　　　　**预调研KMO值和Bartlett球形检验**

KMO样本测度	度量	0.905
Bartlett球形检验	近似卡方	7 913.609
	df	1 128
	Sig.	0.000

首先对预调研数据的信度进行检验。信度是一个测量学的概念，被用于表示重复测量所得结果一致性的程度，是对量表中题项稳定性的检验。检验信度有多种方法，预调研阶段管理学领域中常使用内部一致性信度进行检验，通过Cronbach's Alpha系数和校正项总计相关性（CITC值）对量表可信度进行检验，进一步清理和净化量表题项。Cronbach's Alpha系数越大代表可信度越高。通常来说当Cronbach's Alpha系数大于0.7时可以判定问卷具有较好的内部一致性，大于0.8则说明问卷具有相当好的内部一致性（Nunnaaly，1978）。但当Cronbach's Alpha系数小于0.7时则需要对问卷进行重新修正。CITI值大于0.5时表明量表有较好的内部一致性，当CITI值小于0.4时则需对该题项进行删除，若删除后Cronbach's Alpha值明显增加，则表明该条目与总体量表的内在一致性低需要被剔除。本书利用SPSS26.0分别对核心变量进行内部一致性的信度检验，结果见表5-8至表5-13。

表5-8　　　　　　　　预调研创业者创造力的信度分析

变量	题项	CITI	Alpha if item deleted	Cronbach's α
创造力	FC1	0.773	0.786	0.814
	FC2	0.812	0.779	
	FC3	0.756	0.803	
	FC4	0.722	0.756	

表5-9　　　　　　　　预调研创业者成就需求的信度分析

变量	题项	CITI	Alpha if item deleted	Cronbach's α
成就需求	FNach1	0.773	0.897	0.905
	FNach2	0.812	0.899	
	FNach3	0.756	0.882	
	FNach4	0.722	0.871	

表5-10　　　　　　　预调研创业者风险承担性的信度分析

变量	题项	CITI	Alpha if item deleted	Cronbach's α
风险承担性	FRT1	0.767	0.869	0.872
	FRT2	0.745	0.862	
	FRT3	0.734	0.855	

表5-11　　　　　　　预调研商业模式创新的信度分析

变量	子维度	题项	CITI	Alpha if item deleted	Cronbach's α
商业模式创新	价值主张创新	VP1	0.794	0.851	0.886
		VP2	0.771	0.842	
		VP3	0.769	0.861	
		VP4	0.788	0.879	

续表

变量	子维度	题项	CITI	Alpha if item deleted	Cronbach's α
商业模式创新	价值主张创新	VP5	0.741	0.882	0.886
		VP6	0.743	0.848	
	价值创造创新	VC1	0.779	0.859	0.897
		VC2	0.812	0.874	
		VC3	0.764	0.865	
		VC4	0.745	0.871	
		VC5	0.742	0.878	
	价值获取创新	VCP1	0.698	0.823	0.859
		VCP2	0.723	0.851	
		VCP3	0.744	0.813	

表5-12　　　　　　　　　预调研共享愿景的信度分析

变量	题项	CITI	Alpha if item deleted	Cronbach's α
共享愿景	SV1	0.709	0729	0.802
	SV2	0.687	0.771	
	SV3	0.738	0.726	
	SV4	0.681	0.747	

表5-13　　　　　　　　　预调研新创企业成长的信度分析

变量	题项	CITI	Alpha if item deleted	Cronbach's α
新创企业成长	NVG1	0.758	0.712	0.814
	NVG2	0.662	0.755	
	NVG3	0.694	0.743	

结果表明创业者创造力、成就需求、风险承担、商业模式创新的3个子维度，共享愿景以及新创企业成长的 Cronbach's α 系数值均大于 0.7，且各个题项 CITI 最低值均高于 0.4，删除任一题项都未使得 Cronbach's α 值显著增加，表明涉及的各个变量的测量量表有着良好的信度，不需要对题项进行删除。

之后对预调研数据的效度进行检验。效度是测量量表构念有效性的程度，代表了测量量表能否准确测得特征值。效度检验常采用的方法是探索性因子分析。本书使用 SPSS26.0 软件进行主成分分析，将特征值大于1的因子进行最大方差旋转得到8个合格因子：创业者创造力、创业者成就需求、创业者风险承担性、商业模式创新——价值主张创新、商业模式创新——价值创造创新、商业模式创新——价值获取创新、共享愿景、新创企业成长，析出8个因子累计解释方差总变异量的 69.97%，超过 50%。由此可见本书设计的调查问卷解释力较强。同时经过方差最大化正交旋转后得到各自变量上的因子载荷均超过 0.5，表明收敛效度可以被接受。问卷各个题项能对各自共同因子有效聚敛，与其他共同因子有效区分。进一步说明本书的量表具有良好效度。具体结果见表5-14。

表5-14 探索性因子分析

研究变量	题项	成分								累计解释方差
		1	2	3	4	5	6	7	8	
创造力	101	0.787								24.48%
	102	0.816								
	103	0.768								
	104	0.865								
成就需求	201		0.737							33.57%
	202		0.811							
	203		0.768							
	204		0.883							
风险承担险	301			0.714						37.78%
	302			0.765						
	303			0.814						

续表

研究变量	题项	成分								累计解释方差
		1	2	3	4	5	6	7	8	
BMI——价值主张创新	401				0.742					44.89%
	402				0.731					
	403				0.783					
	404				0.826					
	405				0.787					
	406				0.828					
BMI——价值创造创新	407					0.711				47.21%
	408					0.757				
	409					0.847				
	410					0.738				
	411					0.823				
BMI——价值获取创新	412						0.845			51.34%
	413						0.841			
	414						0.724			
共享愿景	501							0.754		55.47%
	502							0.825		
	503							0.795		
	504							0.801		
新创企业成长	601								0.779	68.09%
	602								0.825	
	603								0.761	

注：N=120，BMI代表商业模式创新。

通过对预调研数据进行信效度检验，发现研究涉及的核心变量创业者创造力、成就需求以及风险承担性、商业模式创新、共享愿景和新创企业成长量表题项间具有较好内部一致性，因此测量题项不进行额外修正。同时各个变量的题项能够对共有因子有效聚敛并区别于其他因子，量表整体信效度良好。结合预调研反馈结果对问卷题项的表达与顺序做进一步调整，使题项更易于创业者理解，调整至符合创业者作答习惯，最终形成本书正式调研的调查问卷。

5.5　正式调研的数据搜集和样本特征

5.5.1　样本选择

由于本书的研究对象是新创企业，根据国内外学者Fauchart和Gruber（2011）和国内学者陈彪（2016）的说法，本书选择成立时间为8年之内的企业作为研究对象。在确定调研目标后，将调研区域集中在创新指数排名较高的地区，对相应区域的创业者进行多途径的问卷发放。为确保研究的严谨性和样本的代表性，尽可能扩大样本采集范围，最后采集到包含东北、华北、华中、华南地区共计10个省份的数据。对来自不同省份的样本数据的搜集，更能够反映我国总体的创业企业情况。由于本书主要采用分层回归法进行假设检验，需要样本量为总研究题项数的5~10倍（吴明隆，2003）。本书涉及32个题项，样本量在160~320份之间。这要求回收的有效问卷数量在160~320份之间，以满足实证研究的要求。

5.5.2　数据搜集

本书采用了时滞调查的方法（卫武和赵鹤，2018），于2020年8月和2021年4月两次分别向304家企业的创业者发放问卷。第一次调研集中在2020年8月至10月，由创业者填写个人及企业基本资料，对控制变量、创业者人格特质以及企业的成长性进行评价。第二次调研则集中在2021年4月至6月，按编号对问卷进行发放，主要由创业者填写与商业模式创新、共享愿景相关的题项，最终完成全部问卷。本书采用滚雪球抽样的方法，一方面通过高校老师向学校的EMBA学员发放调查问卷，由于该部分的调查对象主要是创业者，因此调查的方式主要是由高校老师现场发放问卷并收回，这种方法具有较高的问卷回收率。另一方面通过熟人关系与创业者协会或创业孵化器取得联系，采用现场调查、电话调查以及网络调查的方式获取调查的数据，再由被调查的企业介绍其他企业，通过滚雪球的方式获得更多的调查数据。本次调研共向304家企业发出邀请，共发放问卷304份。我们对连续5次（含5次）都选择相同答案，且问卷回答极端化、数据填写不全的问卷进行剔除。其中创业者问卷共发放304份，收回问卷258份，回收率为84.87%，剔除无效问卷，共回收有效问卷230份。同时还进行了T检验以确保本次调研不存在无应答偏差（p>0.1）。

5.5.3 样本特征

在整理搜集到的230份有效问卷中，从创业者个人层面来看，我们发现在创业者性别方面，男性占大多数，占有效样本总量的80%，女性创业者比例为20%。新创企业的创业者多为男性，这说明了男性比女性具有更强烈的创业倾向。学历方面本科占比最高，占样本总量的53.91%，其次是研究生和大专，这说明了创业者具备一定专业知识和创业知识，满足其创业的基本要求并且具有一定的学习能力。对于大部分创业者而言，他们在行业的经验比较丰富，有近7成的创业者具有5年以上的行业从业经验，其中行业从业经验超过15年的受访者占所有样本量的21.74%。从企业层面的数据来看，我们发现企业成立的时间多集中在3年至5年，占比40%；成立时间在1年到3年占22.61%；5年到8年占37.39%。这说明大多数企业正处于极速增长期，企业增长趋势更容易观察。从企业规模来看，人数在50人以下的占比60.87%，51~100人的企业占比24.35%，101~200人占7.83%，200人以上占6.96%，这表明研究对象多为中小型企业。从行业类别来看，被调查企业中科技型企业占比64.78%，非科技型企业占比35.22%。表5-15为本书所得样本的特征分布。

表5-15   样本特征分布

样本特征	题项	样本数量	占比
创业者性别	男	184	80.00%
	女	46	20.00%
创业者学历	高中及以下	18	7.83%
	大专	46	20.00%
	大学本科	124	53.91%
	硕士及以上	42	18.26%

样本特征	题项	样本数量	占比
创业者从业年限	5年以下	76	33.04%
	5~10年	60	26.09%
	10~15年	44	19.13%
	15年以上	50	21.74%
企业成立时间	1~3年	52	22.61%
	3~5年	92	40.00%
	5~8年	86	37.39%
企业规模	1~20人	56	24.35%
	21~50人	84	36.52%
	51~100人	56	24.35%
	101~200人	18	7.83%
	200人以上	16	6.96%
行业性质	科技型企业	149	64.78%
	非科技型企业	81	35.22%

5.6 问卷有效性检验

为保证实证分析结果的准确性和可靠性，在进行大样本实证分析之前，需要进行样本数据的有效性检验。本书拟采用赫尔曼单因素检验法对数据进行共同方法偏差检验，同时进行可靠性分析、探索性因子分析以及验证性因子分析进行信度与效度检验。

5.6.1 共同方法偏差检验

共同方法偏差（common method biases）是指由于受访者在作答同一份问卷时，倾向于提供同一方向的答案导致本不存在的变量关系建立起联系，或致使变量相关关系被夸大的现象。共同方法偏差会影响问卷调查研究的科学性与客观性。为避免存在共同方法偏差的问题，本书使用两种方法进行规避：一是通过两阶段法进行数据采集，第一阶段对企业及创业者的基本情况、创业者人格特质和企业成长性进行调研获取数据；第二阶段对企业商业模式创新以及共享愿景情况进行调研获得回收数据。二是通过设置不同题型并在受访者填写问卷之前对问卷进行讲解，避免其有心理负担。本书利用赫尔曼单因素检验的方法，对共同方法偏差的问题进行了检验。已有研究表明当某个因子解释力超过40%时，可能会存在共同方法偏差的问题。本书使用SPSS26.0进行主成分分析，共形成8个因子，累计解释度达到68.65%，未经旋转的第一个因子解释变量总变异的23.48%，小于40%的判断标准。因此说明了本书没有严重的共同方法偏差。

5.6.2　信度检验

本书采用Cronbach's Alpha值来评估量表内部一致性信度，当Cronbach's Alpha值大于0.7时，说明测量量表具有较高的信度和稳定性。本书的核心变量创业者创造力、创业者成就需求、创业者风险承担性、商业模式创新、共享愿景和新创企业成长的Cronbach's Alpha系数分别为0.782、0.874、0.772、0.875、0.816、0.884，均大于0.7的标准值（结果见表5-16），所有核心变量的信度良好。

表5-16　　　　　　　　　　　信度检验

变量	题项数	Cronbach's Alpha系数
创业者创造力	4	0.782
创业者成就需求	4	0.874
创业者风险承担性	3	0.772
商业模式创新	14	0.875
共享愿景	4	0.816
新创企业成长	3	0.884

5.6.3　效度检验

效度包括内容效度、收敛效度、区分效度等。本书量表均以国外成熟量表为依据，并经深度访谈与预调研修正，所有题项均经过专家咨询与评价并采纳了受访者意见，以保证问卷具有较好的内容效度。收敛效度则通过验证性因子分析测量各题项的标准化因子载荷值、AVE值和CR值等指标进行验证。通过AMOS24.0进行验证性因子分析，检验潜变量与指标间的关联度。表5-17展示了收敛效度的分析结果，创业者创造力、创业者成就需求、创业者风险承担性、共享愿景和新创企业成长的各测量指标因子载荷均大于0.6，高于0.5的衡量标准；AVE值均大于0.5的衡量值；CR值均大于0.7。这代表变量具有较好的收敛效度。

表5-17 收敛效度分析结果

研究变量	题项	因子载荷	CR	AVE
创业者创造力	FC1	0.864	0.896	0.641
	FC2	0.842		
	FC3	0.705		
	FC4	0.913		
创业者成就需求	FNach1	0.744	0.905	0.659
	FNach2	0.861		
	FNach3	0.811		
	FNach4	0.747		
创业者风险承担性	FRT1	0.645	0.854	0.612
	FRT2	0.723		
	FRT3	0.672		
商业模式创新	BMI1	0.731	0.966	0.588
	BMI2	0.778		
	BMI3	0.803		
	BMI4	0.739		
	BMI5	0.735		
	BMI6	0.762		

研究变量	题项	因子载荷	CR	AVE
商业模式创新	BMI7	0.817	0.966	0.588
	BMI8	0.791		
	BMI9	0.796		
	BMI10	0.725		
	BMI11	0.778		
	BMI12	0.835		
	BMI13	0.723		
	BMI14	0.795		
共享愿景	SV1	0.774	0.887	0.662
	SV2	0.847		
	SV3	0.844		
	SV4	0.792		
新创企业成长	VG1	0.808	0.779	0.552
	VG2	0.612		
	VG3	0.894		

　　其次，通过计算平均变异抽取量 AVE 的平方根值和拟合优度来衡量量表的区分效度，发现各变量 AVE 的平方根均大于相关系数绝对值（见相关性分析）。使用 Amos24.0 进行验证性因子分析，考察创业者创造力、创业者成就需求、创业者风险承担性、商业模式创新、新创企业成长、共享愿景 6 个变量之间的区分效度，结果见表 5-18。其中，六因子模型的卡方/自由度 $\chi^2/df<3$、相对拟合指数 CFI>0.8、规范拟合指数 NFI>0.8、拟合优度指数 GFI>0.8、近似误差均方根 RMSEA<0.08，与其他模型比较六因子模型的拟合指标达标。根据结果数据可知，只有六因子模型拟合度最为理想。由此可以推断本书的变量具有较好的区分效度。

表5-18 区分效度分析结果

模型	χ^2	df	χ^2/df	RMSRA	CFI
六因子模型	2 905.866	1 059	2.743	0.098	0.756
五因子模型	3 752.067	1 064	3.526	0.128	0.712
四因子模型	5 672.431	1 068	5.311	0.137	0.543
三因子模型	7 532.882	1 074	7.013	0.169	0.432
二因子模型	9 763.265	1 082	9.023	0.174	0.327
一因子模型	10 224.322	1 096	9.328	0.195	0.265

六因子模型中创业者创造力、创业者成就需求、创业者风险承担性、商业模式创新、新创企业成长、共享愿景各为一个因子；五因子模型中创业者创造力、创业者成就需求合并为一个因子，创业者风险承担、商业模式创新、新创企业成长、共享愿景各为一个因子；四因子模型中创业者创造力、创业者成就需求、创业者风险承担性合并为一个因子，商业模式创新、新创企业成长、共享愿景各为一个因子；三因子模型中创业者创造力、创业者成就需求、创业者风险承担性、商业模式创新合并为一个因子，新创企业成长、共享愿景各为一个因子；二因子模型中创业者创造力、创业者成就需求、创业者风险承担性、商业模式创新、新创企业成长合并为一个因子，共享愿景为另一个因子；单因子模型中创业者创造力、创业者成就需求、创业者风险承担性、商业模式创新、新创企业成长、共享愿景合并为一个因子。

5.7 本章小结

本章基于第3章案例研究构建的模型以及第4章提出的研究假设进行了实证研究前的准备工作。具体来说选取问卷调查法开展实证研究，并对问卷设计过程以及问卷搜集过程进行了具体描述。变量测度方面选择国外成熟的测量量表形成了初始的调查问卷。随后，通过与专家研讨的方式对问卷题项进行了进一步修正，确定了含有32个题项的测量量表。选取位于上海、北京、长春等地的企业开展预调研工作，搜集了

120份有效问卷。结合预调研情况对问卷进行修正，最后使用修正后的问卷开展正式调研。通过向华东、华北、华南、东北多地企业发放调查问卷，经过对问卷的筛选和剔除后最终获得了230家企业提供的数据。对230份数据进行了样本特征的分析与描述并对问卷的有效性进行检验，确保数据的信度和效度为后文实证分析的开展奠定基础。

6 实证分析与结果讨论

本章对第 5 章搜集的正式调研数据开展实证分析。使用软件 SPSS26.0 进行相关性分析、运用多元线性回归分析和拔靴法（Bootstrap）对第 4 章提出的关于创业者创造力、创业者成就需求、创业者风险承担性、商业模式创新、共享愿景以及新创企业成长间的关系假设进行验证，并对 24 条假设检验结果进行总结。

6.1 描述性统计和相关性分析

在进行正式的回归分析之前，先使用 SPSS26.0 对本书涉及的变量进行描述性统计分析，对各变量的均值和标准差进行计算。之后进行相关性分析，对变量间的相关系数进行检验。结果见表 6-1。创业者创造力的平均数和标准差为 4.72、1.131，创业者成就需求的平均数和标准差为 4.88、1.959，创业者风险承担性的平均数和标准差为 4.66、1.320，商业模式创新的平均数和标准差为 5.15、0.985，共享愿景的平均数和标准差为 5.14、1.149，新创企业成长的平均数和标准差为 4.83、1.154。

综合来看，所有变量的平均值与标准差都处于一个合理的范围。由相关系数表可以对变量间的关系进行初步猜测，由表中的结果可知，控制变量创业者受教育程度、创业者工作经验与创业者创造力具有显著相关性。这可能是因为创业者的创造力取决于创业者在相关领域的工作积累，当创业者拥有一定的知识储备和工作经验后，更容易在各个领域发挥有价值的创造力，从而为企业带来创新，甚至是成长。各个变量之间相关系数都在0.7以下，变量之间没有很高的相关性。本书采用两种方法处理可能存在的多重共线性问题：一是将涉及的平方项的变量进行均值中心化处理（于晓宇和陶向明，2015）；二是应用残差中心化程序（Zhang和Rajagopalan，2010）解决一次项（风险承担性）及其平方项（风险承担性）的多重共线性问题，采用一次项对平方项回归后产生的残差值代替原来的二次项进行数据处理。数据结果显示，整个模型的方差膨胀因子均在3以下，而且所有变量的相关系数均小于0.7的临界值，因此没有严重的多重共线性问题。

表6-1　　　　　　　描述性统计分析与相关系数矩阵（N=230）

	变量	M	SD	1	2	3	4	5	6	7	8	9	10	11
1	企业年龄	1.98	0.944	1										
2	企业规模	2.17	0.378	-0.016	1									
3	工作年限	2.41	1.086	0.144*	0.169	1								
4	教育背景	2.75	0.815	-0.053	0.209**	270**	1							
5	企业所在行业	1.24	0.919	0.282**	0.039	0.139*	0.049	1						
6	创业者创造力	4.72	1.131	0.038	0.065	0.385**	0.181**	0.074	0.801					

	变量	M	SD	1	2	3	4	5	6	7	8	9	10	11
7	创业者成就需求	4.88	1.959	0.176*	0.016	0.108*	0.154*	0.087	0.012	0.812				
8	创业者风险承担性	4.66	1.320	0.015	0.002	-0.127	0,135	-0.106*	0.132*	0.208*	0.782			
9	商业模式创新	5.15	0.985	0.041	-0.016	0.117*	0.147*	-0.009	0.332**	0.242**	0.203**	0.767		
10	共享愿景	5.14	1.149	0.043	0.033	0.042	0.099	0.051	0.255**	0.024	0.117**	0.028	0.814	
11	新创企业成长	4.83	1.154	0.13	-0.039	0.122*	0.107*	0.048	0.428**	0.242**	0.378**	0.412**	0.221**	0.743

注：N为样本量；* $p < 0.05$ ，** $p < 0.01$，*** $p < 0.001$。

6.2 假设检验

本书采用SPSS26.0检验理论模型与提出的24条研究假设，将创业者的工作年限、教育背景和企业年龄、企业规模、企业所在行业设为控制变量，探索创业者创造力、创业者成就需求与创业者风险承担性、商业模式创新、共享愿景与新创企业成长之间的逻辑关系。采用多元线性回归方法，首先对相关变量进行中心化处理，之后再将处理后的变量——控制变量、自变量、中介变量和调节变量及其交互项按顺序带入回归模型中，对提出的假设进行检验。

6.2.1 直接效应检验

1）创业者人格特质与新创企业成长关系检验

本书提出的第一个研究假设探讨了创业者创造力与新创企业成长之间的关系，即创业者创造力会积极影响新创企业的成长。为考察创业者创造力对新创企业成长的影响，本书构建模型1及模型2。模型1为研究基准模型，其中模型1检验了控制变量对新创企业成长的影响。模型2为控制变量与自变量对新创企业成长的主效应模型。由表6-2可以看出，创业者工作年限和教育背景与新创企业成长呈现出相关关系，而企业规模和企业年龄并没有表现出与企业成长之间的显著相关关系。在模型1的基础上加入创业者创造力构建模型2，用以检验创业者创造力对新创企业成长的影响。结果表明，创业者创造力与新创企业成长之间呈现出显著正相关关系（$\beta=0.432$，$p<0.001$），研究提出的假设H1成立，即创业者创造力对新创企业成长具有正向影响得到了数据支持。为验证假设H2，本书在模型1的基础上加入创业者成就需求后构建模型3。结果表明创业者成就需求与新创企业成长之间呈现出显著正相关关系（$\beta=0.246$，$p<0.01$），研究提出的假设H2成立，即创业者成就需求对新创企业成长具有正向影响得到了数据支持。为验证假设H3，本书在模型1的基础上加入创业者风险承担性及风险承担性的平方项后构建模型4。结果表明创业者风险承担性平方项的回归系数为 $\beta=-0.157$，在显著性水平 $p<0.05$ 下显著相关。这验证了创业者风险承担性与新创企业成长之间倒U形关系的研究假设，假设H3成立。

创业者风险承担性与新创企业成长之间的倒U形关系虽然通过层次回归可以初步对结果进行判定，但是假设中变量之间的关系是否具有稳定性还需要进一步检验。倒U形是一种特殊的非线性关系，这种关系会受到很多因素的影响而产生变化，对变量间曲线关系的检验需要进行稳健性检验。通过稳健性检验可以保证各变量间的倒U形关系完整表现出来，而非仅仅为普通曲线关系。借鉴 Lind 和 Mehlum（2009）开发的倒U形关系稳健性的检测方法，对本书涉及的倒U形关系进行检验。为检测假设H3创业者风险承担性与新创企业成长之间的关系，本书利用数据来分析计算低创业者风险承担性和高创业者风险承担性的斜率，得到低创业者风险承担性（$FR_{Low}=1$）曲线斜率为 $\beta=2.75$，$p<0.01$，95%置信区间为 [2.35, 3.15]，不包含0；得到高创业者风险承担性（$FR_{high}=7$）曲线斜率为 $\beta=-2.83$，$p<0.01$，95%置信区间为 [-2.98, -2.56]，不包含0，因此低创业者风险承担性曲线上的斜率为正，高创业者风险承

担性曲线上的斜率为负，倒 U 形曲线关系成立。进一步进行 Fieller 和 Delta 置信区间检验，发现极点值在 5.03，区间为［4.87，5.10］，因为极点值落在了创业者风险承担性的高低值区间之内，进一步证明了倒 U 形关系成立。

表6-2 　　　　**创业者人格特质与新创企业成长关系回归结果**

变量	新创企业成长			
	模型 1	模型 2	模型 3	模型 4
控制变量				
企业规模	0.024	0.002	0.013	0.021
企业年龄	0.027	0.069	0.052	0.047
创业者工作年限	0.198*	0.213*	0.026	0.027
创业者教育背景	0.201*	0.233*	0.195*	0.213*
企业行业性质	0.017	0.043	0.028	0.033
自变量				
创业者创造力		0.432**		
创业者成就需求			0.246**	
创业者风险承担性				0.314**
创业者风险承担性^2				−0.157*
R^2	0.021	0.277	0.117	0.162
调整后的 R^2	0.019	0.225	0.108	0.153
F 值	1.817**	12.629**	0.413**	4.260***

注：N 为样本量；* $p<0.05$，** $p<0.01$，*** $p<0.001$。

2）创业者人格特质对商业模式创新的作用检验

创业者创造力和商业模式创新之间关系见表6-3，模型 5、模型 5-1 都通过了 F 检验。由模型 5-1 可知，创业者创造力对商业模式创新呈现出显著的正向影响（β=0.362，$p<0.01$），所以假设 H4 得到支持。为进一步验证创业者创造力对商业模式创新的影响，对创业者创造力与商业模式创新的 3 个子维度——价值主张创新、价值创造创新和价值获取创

新的作用关系进行检验。依据 Clauss（2016；2020）的做法，在进行实证研究时分别构建创造力与商业模式创新的3个子维度的模型并进行回归分析。从模型5-2、模型5-3、模型5-4可以看出创业者创造力对价值主张创新具有正向影响，回归系数为 $\beta=0.375$，$p<0.01$；创业者创造力对价值创造创新具有正向影响，回归系数为 $\beta=0.254$，$p<0.01$；创业者创造力对价值获取创新具有正向影响，回归系数为 $\beta=0.196$，$p<0.05$。因此H4a，H4b，H4c均通过检验。

创业者成就需求对商业模式创新的影响系数显著为正 $\beta=0.246$，$p<0.01$），这说明创业者成就需求与商业模式创新之间存在显著正相关关系，假设H5得到验证。在对创业者成就需求与商业模式创新的3个子维度关系进行检验时，从模型5-2、模型5-3、模型5-4可知，创业者成就需求对价值主张创新具有正向影响，回归系数为 $\beta=0.201$，$p<0.01$；创业者成就需求对价值创造创新具有正向影响，回归系数为 $\beta=0.217$，$p<0.01$；创业者成就需求对价值获取创新具有正向影响，回归系数为 $\beta=0.239$，$p<0.01$。因此H5a，H5b，H5c均通过检验。

创业者风险承担性的平方项对商业模式创新的影响系数显著为负（$\beta=-0.162$，$p<0.05$），这说明创业者风险承担性与商业模式创新之间存在倒U形的关系，假设H6得到支持。风险承担性较高或较低都不利于企业进行商业模式创新。在对创业者风险承担性与商业模式创新的3个子维度进行检验时，从模型5-2、模型5-3、模型5-4可知，风险承担性平方项与价值主张创新间的回归系数为 $\beta=-0.147$，$p<0.01$；创业者风险承担性平方项与价值创造创新间回归系数为 $\beta=-0.185$，$p<0.01$；创业者风险承担性平方项与价值获取创新间显著性水平大于0.05，未发现显著相关。因此H6a，H6b均通过检验，假设H6c未通过检验。对于假设H6创业者风险承担性与商业模式创新之间倒U形关系，利用数据来分析计算低创业者风险承担性和高创业者风险承担性的斜率，得到创业者风险承担性的高低值（$FR_{Low}=1$）曲线斜率为 $\beta=2.18$，$p<0.01$，95%置信区间为 [2.05，3.17]，不包含0；$FR_{high}=7$ 时曲线斜率为 $\beta=-2.29$，$p<0.01$，95%置信区间为 [-2.37，-2.15]，不包含0，因此低创业者风险承担性曲线上的斜率为正，高创业者风险承担性曲线上的斜率为负，倒U形曲线关

系成立。进一步进行 Fieller 和 Delta 置信区间检验，发现极点值在 4.33，区间为 [3.87，4.45]，因为极点值落在了创业者风险承担性的高低值区间之内，进一步证明了倒 U 形关系成立。同理，对假设 6 的子假设进行了稳健性检验，发现创业者风险承担性与价值主张创新、价值创造创新之间的倒 U 形关系均具有稳健性。

表6-3 创业者人格特质与商业模式创新关系回归结果

变量	商业模式创新		商业模式创新（价值主张创新）	商业模式创新（价值创造创新）	商业模式创新（价值获取创新）
	模型 5	模型 5-1	模型 5-2	模型 5-3	模型 5-4
控制变量					
企业规模	−0.062	−0.024	−0.028	0.017	0.022
企业年龄	0.105	0.087	0.092	0.106	0.083
创业者工作年限	0.035	0.026	0.029	0.039	0.048
创业者教育背景	0.087	0.041	0.064	0.017	0.025
行业性质	0.048	0.112	0.047	−0.032	−0.065
自变量					
创业者创造力		0.362^{**}	0.375^{**}	0.254^{**}	0.196^{*}
创业者成就需求		0.246^{**}	0.201^{**}	0.217^{**}	0.239^{**}
创业者风险承担性		0.213^{**}	0.172^{*}	0.285^{**}	−0.054
创业者风险承担性 ^{2}		-0.162^{*}	-0.147^{*}	-0.185^{*}	0.122
R^2	0.043	0.379	0.278	0.285	0.286
调整后的 R^2	0.034	0.362	0.256	0.262	0.267
F 值	2.967^{**}	11.032^{**}	17.456^{***}	19.261^{**}	17.466^{**}

注：N 为样本量；* $p<0.05$，** $p<0.01$，*** $p<0.001$。

3）商业模式创新对新创企业成长的作用检验

表 6-4 分析了商业模式创新与新创企业成长之间的关系。在表中构建了模型 6，在模型 1 的基础上加入商业模式创新这一自变量。模型

6-1、模型6-2、模型6-3中分别将商业模式创新的子维度——价值主张创新、价值创造创新和价值获取创新作为自变量加入以模型1为基础的模型中进行回归分析。从结果中可以看出，商业模式创新有效解释19.5%的新创企业成长变异，且存在显著的正相关关系（β=0.392，p<0.01）。同时，价值主张创新（β=0.362，p<0.01）、价值创造创新（β=0.322，p<0.01）、价值获取创新（β=0.385，p<0.01）对新创企业成长的正向作用显著，因此，本书的假设H7及子假设H7a、H7b、H7c成立。

表6-4　　　　　　　　商业模式创新对新创企业成长的回归

变量	新创企业成长			
	模型6	模型6-1	模型6-2	模型6-3
控制变量				
企业规模	0.004	0.016	0.014	0.012
企业年龄	0.048	0.012	0.063	0.085
创业者工作年限	0.063	0.028	0.058	0.104
创业者教育背景	0.043	0.019	0.082	0.062
行业性质	0.019	0.008	0.025	0.047
自变量				
商业模式创新	0.392**			
价值主张维度		0.362**		
价值创造维度			0.322**	
价值获取维度				0.385**
R^2	0.215	0.197	0.186	0.179
调整后的R^2	0.195	0.183	0.175	0.163
F值	11.021**	11.048**	10.577**	11.032**

注：N为样本量；* p<0.05，** p<0.01，*** p<0.001。

6.2.2 中介效应检验

为检验商业模式创新在创业者人格特质与新创企业成长之间的中介效应，根据前文模型2、模型3、模型4、模型6，发现创业者人格特质、商业模式创新、新创企业成长之间作用显著，其中商业模式创新对新创企业成长具有显著正向影响（$\beta=0.392$，$p<0.01$）。在模型7中同时加入创业者创造力和商业模式创新，在模型8中同时加入创业者成就需求和商业模式创新，比较模型2、模型3与模型7、模型8能够发现，创业者创造力对商业模式创新影响减弱（$\beta=0.384$，$p<0.01$），商业模式创新对新创企业成长的作用仍显著（$\beta=0.289$，$p<0.01$），这说明商业模式创新在创业者创造力与新创企业成长之间起部分中介作用，假设H8a得到初步验证；创业者成就需求对商业模式创新影响减弱（$\beta=0.213$，$p<0.01$），商业模式创新对新创企业成长作用仍显著，这说明商业模式创新在创业者成就需求与新创企业成长之间起部分中介作用，假设H8b得到初步验证，见表6-5。

表6-5　　　　　　　　　　　商业模式创新中介作用回归结果

变量	新创企业成长		
	模型6	模型7	模型8
控制变量			
企业规模	0.004	0.024	0.018
企业年龄	0.048	0.037	0.034
创业者工作年限	0.063	0.043	0.025
创业者教育背景	0.043	0.168*	0.176*
行业性质	0.019	0.012	0.011
自变量			
商业模式创新	0.392**	0.289**	0.276**
创业者创造力		0.384**	
创业者成就需求			0.213**
R^2	0.215	0.214	0.374
调整后的 R^2	0.195	0.193	0.355
F值	11.021**	11.048**	13.442**

注：N为样本量；* $p<0.05$，** $p<0.01$，*** $p<0.001$。

　　为进一步验证逐步回归法所得结论的稳健性，本书采用Bootstrap法验证中介部分的研究假设。使用 Haye（2010）提供的 SPSS 插件 Process，进行进一步检验。样本量设为 5 000，置信区间为95%，检验结果见表6-6。中介效应95%置信区间不含0，中介效应显著；创业者创造力通过商业模式创新到新创企业成长的中介效应为0.188，95%的置信区间为［0.075，0.315］，不包含0，中介效应显著；创业者成就需求通过商业模式创新到新创企业成长的中介效应为0.137，95%的置信区间为［0.032，0.267］，不包含0，中介效应显著。说明假设 H8a、假设 H8b，通过假设检验。

表6-6　　　　　　　　　　　中介效应检验结果

中介路径	效应值	95%置信区间	检验结果
创业者创造力→商业模式创新→新创企业成长	0.188	［0.075，0.315］	有中介
创业者成就需求→商业模式创新→新创企业成长	0.137	［0.032，0.267］	有中介

6.2.3　调节效应检验

　　模型9和模型10用于验证共享愿景的调节效应。共享愿景对创业者人格特质与商业模式创新间关系的调节效应检验见表6-7，由分析结果可知，模型9、模型10均通过了F检验。根据表6-7的结果，创业者创造力与共享愿景的交互项回归系数为 $\beta=0.177$，在$p<0.05$的显著性水平上显著相关。这一结果说明了共享愿景强化了创业者创造力与商业模式创新之间的关系，假设H9a得到验证。创业者成就需求与共享愿景的交互项回归系数为 $\beta=0.163$，在$p<0.05$的显著性水平上显著相关。这一结果说明了共享愿景强化了创业者成就需求与商业模式创新之间的关系，假设H9b得到验证。创业者风险承担性的平方项与共享愿景的交互项回归系数为 $\beta=0.028$，$p>0.05$。这一结果说明了共享愿景和风险承担性平方的交互项对商业模式创新作用不显著。共享愿景在创业者风险承担性与商业模式创新之间的关系未得到验证，假设H9c未通过验证。为更直观地表明共享愿景在创业者创造力与商业模式创新之间的调节效应，共享愿景在创业者成就需求与商业模式创新之间的调节效应，进一步验证假设 H9a 和假设 H9b，本书绘制了调节效应图，结果如图 6-1 和图 6-2 所示。两个调节效应图中，高水平的共享愿景的斜率大于低水平的共享愿景，表明共享愿景在创业者创造力、创业者成就需求与商业模式创新之间的关系中存在调节效应，即在高水平的共享愿景下创业者创造力、创业者成就需求对商业模式创新有着更强的促进作用。

表6-7　　共享愿景在创业者人格特质与商业模式创新之间的
调节作用检验结果

变量	商业模式创新	
	模型 9	模型 10
控制变量		
企业规模	0.025	−0.055
企业年龄	0.021	0.057
创业者工作年限	0.176*	0.076
创业者教育背景	0.221*	0.151
行业性质	0.003	0.012
调节变量		
共享愿景	0.112	0.124*
交互项		
创业者创造力×共享愿景		0.177*
创业者成就需求×共享愿景		0.163*
创业者风险承担性×共享愿景		−0.063
创业者风险承担性²×共享愿景		0.028
R^2	0.324	0.436
调整后的 R^2	0.257	0.424
F 值	1.952**	9.387**

注：N 为样本量；* $p<0.05$，** $p<0.01$，*** $p<0.001$。

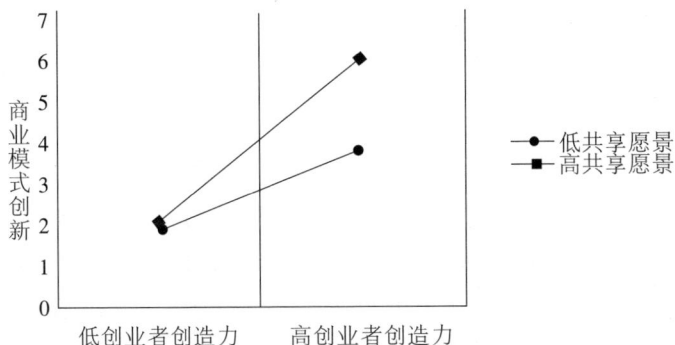

图6-1　共享愿景在创业者创造力与商业模式创新间关系的调节效应图

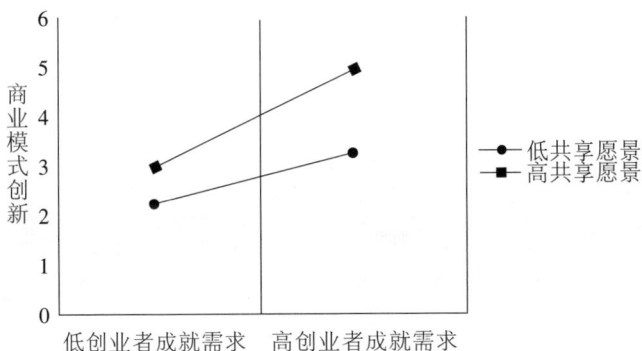

图6-2　共享愿景在创业者成就需求与商业模式创新间的调节效应图

6.3　实证研究结果与讨论

6.3.1　假设检验结果

本书通过构建创业者人格特质与新创企业成长关系的理论模型，探讨了人格特质对新创企业成长的作用机制，着重探讨了创业者不同的人格特质对新创企业不同的作用结果和机制的问题。通过验证商业模式创新的中介作用以及共享愿景的调节作用，对提出的理论模型进行实证分析和假设检验。本书共提出假设24条，通过对230份有效问卷所提供数据的分析，22条假设通过检验，2条未通过。假设检验结果显示，创业者创造力、成就需求、风险承担性与新创企业成长间关系的假设得到数据的支持；创业者创造力、成就需求与商业模式创新及其子维度之间关系的假设得到数据支持；商业模式创新及其子维度与新创企业成长间的关系得到数据支持；商业模式创新在创业者人格特质（创造力、成就需求）与新创企业成长间的中介作用得到数据支持；共享愿景对创业者人格特质（创造力、成就需求）与商业模式创新之间关系的促进作用得到数据支持；风险承担性与商业模式创新（价值创造创新维度）之间的倒U形关系未得到证实；共享愿景并未显著调节创业者风险承担性与商业模式创新之间的关系。假设检验结果汇总见表6-8。

表6-8 　　　　　　　　　　**假设检验结果汇总表**

研究假设	检验结果
H1：创业者创造力对新创企业成长具有正向影响	通过
H2：创业者成就需求对新创企业成长具有正向影响	通过
H3：创业者风险承担性与新创企业成长存在倒U形关系	通过
H4：创业者创造力对商业模式创新具有正向影响	通过
H4a：创业者创造力对价值主张创新具有正向影响	通过
H4b：创业者创造力对价值创造创新具有正向影响	通过
H4c：创业者创造力对价值获取创新具有正向影响	通过
H5：创业者成就需求对商业模式创新具有正向影响	通过
H5a：创业者成就需求对价值主张创新具有正向影响	通过
H5b：创业者成就需求对价值创造创新具有正向影响	通过
H5c：创业者成就需求对价值获取创新具有正向影响	通过
H6：创业者风险承担性与商业模式创新存在倒U形关系	部分通过
H6a：创业者风险承担性与价值主张创新存在倒U形关系	通过
H6b：创业者风险承担性与价值创造创新存在倒U形关系	通过
H6c：创业者风险承担性与价值获取创新存在倒U形关系	不通过
H7：商业模式创新对新创企业成长具有正向影响	通过
H7a：价值主张创新对新创企业成长具有正向影响	通过
H7b：价值创造创新对新创企业成长具有正向影响	通过
H7c：价值获取创新对新创企业成长具有正向影响	通过
H8a：商业模式创新在创业者创造力与新创企业成长间起中介作用	通过
H8b：商业模式创新在创业者成就需求与新创企业成长间起中介作用	通过
H9a：共享愿景正向调节创业者创造力与商业模式创新之间的关系	通过
H9b：共享愿景正向调节创业者成就需求与商业模式创新之间的关系	通过
H9c：共享愿景正向调节创业者风险承担性与商业模式创新之间的关系	不通过

6.3.2 创业者人格特质与新创企业成长关系讨论

本书基于高阶理论、熊彼特创新理论与企业成长理论，从创业者人格特质出发，以新创企业为研究对象，探究不同的人格特质对新创企业成长的影响和作用机制。实证研究表明，创业者创造力、创业者成就需求与新创企业成长显著正相关，而创业者风险承担性与新创企业成长之间呈现倒U形的关系，即创业者创造力与成就需求越强，对于新创企业来说就能够表现出更快的成长速度，适度的创业者风险承担性能够促进企业高速成长，但过高的风险承担性可能导致创业者因投入大量资金在错误的预判上，而使得企业迅速走向消亡，假设H1、假设H2、假设H3通过假设检验。本书的结果与Bakar等（2017）和单标安等（2018）的研究结果一致，即创业者的人格特质对新创企业成长具有不同程度的促进作用。

实证研究结果证实了创业者的创造力能够有效促进新创企业成长。具有创造力的创业者总能提出新颖的想法，并在解决经营问题上充满创新性（Amabile，1996；Rietzschel等，2016）。这一发现与（Li等，2022）的研究一致。Khedhaouria等（2015）认为创业者的创造力是一种有价值的原材料对企业成长有着重要的意义。具有创造力的创业者能够发现或利用别人不能发现的机会，大大提升了创业者对于外部环境的敏感性（Pret等，2016），从而另辟蹊径开拓空白市场。这点在本次深入调研的几家企业表现得非常突出，无论是从事"软件+家居"还是从事"互联网+服务"的创业者，他们开辟的都是完全不同的细分市场，共同之处是对于已有知识和认知的"超级联想"，使得他们抓住和利用了机会，实现快速成长。此外，在创业的过程中，创造力也帮助企业实现了瓶颈的突破，如案例中的一家企业服务企业，当创业者发现企业发展动能不足时，他继续扩充自己的知识，最终利用创造性的联想，为企业开辟了更大的市场。综上所述，理论研究和案例实践都说明了创业者创造力对于新创企业成长具有促进作用。

创业者成就需求是指对卓越表现的渴望，体现了创业者成功动机的差异性。本书的结论证实了创业者成就需求与新创企业成长之间密切相关。这一发现与 Johnson（1990）、Collins 等（2004）、McClelland（1965）、Slabbinck 等（2018）的结论一致，即与低成就需求的个人相比，具有高成就需求的创业者管理企业时，企业有着更快的成长速度。新创企业要在不确定且复杂的环境下实现成长，需要坚持不懈和提高卓越标准的强烈愿望，这需要具有成就需求的创业者付诸行动。具有高成就需求的创业者能够设置明确且不易达到的目标（Tajeddini，2008），这为企业长久发展奠定了基础。具有高成就需求的创业者能够坚守自己的目标并为之不断奋斗（Wu 等，2007），他们表现出对于远大目标的执着坚守和不懈追求，这对于在不确定且复杂的市场环境下的企业生存来说是重要的保障。具有成就需求的创业者会克服创业活动中的障碍，对于积极利用资源，塑造企业竞争优势，提升企业能力都具有重要意义。"创业者成就需求—新创企业成长"这一逻辑关系在案例中也得到印证，如一家位于北京市的创业者认为，对目标的设定和追求是企业实现成长的根本，这不仅体现在获得成就的满足上，还表现在对持续成就或是更高层级成就的追寻上。只有不安于现状才能激发内在成长的动力，使企业获得可持续发展。综上所述，理论研究和案例实践都说明了创业者成就需求对于新创企业成长具有促进作用。

创业者风险承担性对新创企业的成长表现出双重属性，实证研究结果表明创业者风险承担性与新创企业成长之间为非线性关系，是倒 U 形的关系，这与以往研究创业者风险承担性与新创企业成长的线性关系的研究结论不一致（张秀娥等，2021）。由于具有风险承担性的创业者往往有信心做出高风险决定并将高风险的决定视为更多机会的来源，因此他们更有可能实现创业目标（Zainon 等，2020）。适当的风险承担性能够使创业者在面临不确定的情况下做出恰当的投资选择。但如果创业者在面临市场机会的时候不能够果断出击，不能勇敢地迎接挑战和探索机会，那么新创企业将失去生存的机会和成长的动力（Shapria，1995）。但当创业者具备过高的风险承担性，可能会导致企业过高的冒险倾向，不对风险加以计算会让创业者所识别的机会消耗企业过多资源而无法实现机会的成功开发和利用，反而造成资源的浪费，对新创企业的成长带来负面影响。因此，创业者的风险承担性应该控制在一定范围内，创业者适度的风险承担性使得企业在选择通过改造开发产品的新功能方面更具优势。创业者应该对企业的资源和能力进行理性审视，明确企业的风险承担范围，在进行风险型机会识别和风险决策时，根据企业自身情况进行平衡风险的规划（董保宝，2014）。对于新创企业而言，既不能由于新创企业在新时代环境下更差的风险抵御能力而选择规避一切风险的保守行为，也不能为了获取高增长性而过分沉迷于高风险的机会。创业者应该学会结合企业的资源和禀赋，对识别到的风险型机会进行评估，并选择与自身条件相符合的项目，追逐理性冒险机会。在本书的案例中，调研的4家企业的创业者均有着较高水平的风险承担性，如企业D的创始人不惧怕由外部环境突变给企业带来的风险，反而将风险看成挑战和机遇，在对企业自身资源进行评估后，积极地拥抱风险，通过确定的方式——进行用户社区营销，改变了与客户的关系，使企业D迅速增加了品牌的知名度，成为速溶咖啡的头部企业。又如企业B的创始人ZMY非常大胆地直接改变了企业的成本结构，但从收费到免费的大胆尝试并非毫无依据，而是在搭建了企业的一系列新能力的基础上做出变革，使企业GMV获得指数级的增长。综上所述，理论研究和案例实践都说明了创业者风险承担性与新创企业成长存在倒U形关系。

6.3.3　商业模式创新中介作用讨论

本书以新创企业为研究对象，探索商业模式创新在创业者人格特质与新创企业的成长之间的中介作用。实证研究表明，创业者创造力对商业模式创新具有积极影响，创业者成就需求对商业模式创新具有积极影响，创业者风险承担性与商业模式创新间为倒U形关系，商业模式创新对新创企业成长具有积极影响，商业模式创新在创业者创造力、成就需求这两种人格特质与新创企业成长之间具有中介作用，假设H4、H5、H6、H7、H8a、H8b均通过假设检验。

实证研究发现了商业模式创新对新创企业成长的积极影响，假设H7通过假设检验。这表明了新创企业如果注重商业模式创新，那么将获得更高的成长性。一方面，新创企业可以借助商业模式创新利用现有的资源，通过外包或建立合作伙伴关系，降低企业生产成本。另一方面，新创企业还能够通过商业模式创新应对外部条件的变化，通过重新配置单个或多个商业模式的组件对企业实施动态的调整（Chesbrough，2010）。本书将商业模式创新视为一个二阶变量，对其 3 个子维度与新创企业成长之间的关系分别进行了假设检验，研究发现商业模式创新的价值主张创新维度、价值创造创新维度以及价值获取创新维度均对新创企业具有正向影响，假设 H7a、H7b 和 H7c 通过假设检验。尽管商业模式创新对新创企业尤为重要，但大多数企业倾向于同一类型的创新，使用相同或基本相似的技术，针对相同的目标客户进行产品创新。同时由于路径依赖性和先前经验等惯性，大多数企业很少改变甚至质疑其商业模式。但对于大多数企业而言，激烈的行业竞争不仅减少了产品/服务的生命周期，也缩短了企业商业模式的生命周期，不可避免地迫使越来越多的企业重新思考其商业模式，以便能在现有市场中参与竞争或形成竞争优势。微软、亚马逊和小米等都是众所周知的例子，其在市场上的成功不能仅仅通过引入新产品或服务来解释。这些企业成功的关键是商业模式创新。商业模式创新是一种组织创新，通过这种创新，企业探索新的方法来定义价值主张，为客户、供应商和合作伙伴创造和获取价值。本书进一步研究考察了商业模式创新对新创企业成长促进作用的机制，分别探讨和检验了价值主张、价值创造和价值获取创新 3 个维度对新创企业成长的深层作用机制，扩展了关于商业模式创新的现有研究。实证研究发现，价值主张创新对新创企业成长具有促进作用。新创企业在缺乏核心竞争力的情况下，应该更多地关注消费者的需求，实施能够满足消费者真正需求的价值主张创新（Guo 等，2022）。新创企业在面临外部环境变化时，应该不断改进和创新，以充分发挥潜力。许多机会通常来自数字技术时代的最新技术。因此，企业应该热衷于搜寻可以激发商业模式创新的新想法，提出能够满足消费者需求的价值主张。利用新技术、吸引新合作伙伴或构建新流程来创造和获取更多价值。企业也可以通过设计新的收入模型或新的成本结构实现成长。

从实证研究可以发现，商业模式创新是创业者创造力转化为企业绩效的重要中介机制。本书专注于商业模式创新在创业者创造力与新创企业成长之间的连接作用。具体而言，本书以新创企业为研究对象，发现具有创造力的创业者能够推动企业进行商业模式创新进而促进企业成长，创业者创造力有助于打破创业者的思维惯性，消除创新商业模式的思维阻碍（Chesbrough，2010）并形成创新型的组织氛围，促进组织创造力的形成（Pandey 和 Sharma，2009），实现企业商业模式创新，从而有助于企业成长。这突出了新创企业中创业者创造力的重要作用及其与商业模式创新之间的正相关关系。创意如果仅存在于创业者的构想之中，就无法创造价值，必须进行组织的商业模式创新，对组织资源进行配置和利用，才能实现创意的价值转化。这一发现提供了对创业者创造力如何影响新创企业成长的理解。在追求企业卓越而伟大的过程中，具有创造力的创业者推动着企业实现成长和成功。然而，创造力对企业成长的作用需要一个能够带来卓越企业绩效的创业过程。商业模式创新"履行"了这一职责，通过提出创新的价值主张，创造性地配置资源和解决问题，商业模式创新实现了有利于新创企业成长的创造性想法的开发和利用。

具体而言，创业者创造力对商业模式创新的子维度——价值主张创新、价值创造创新和价值获取创新均具有正向影响。一方面具有较高水平创造力的个体能够形成新颖有用的想法，这些想法对于产品与服务的创新有着显著促进作用（Blomberg 等，2017），显著促进了企业的价值主张创新。此外，具有创造力的创业者还表现出对创新的支持，这促进了企业进行集体性的价值创造创新，通过激发组织内个体创造性思维发现创收机会、变革业务流程、探索新的生产技术、提升管理效率、降低运营成本、增加收入来源等方式，实现价值创造和价值获取的创新。在案例中"创业者创造力—商业模式创新—新创企业成长"这一逻辑作用路径也得到了验证，如创业者 ZMY 通过参加中欧商业培训班的学习，受到了纵向发展产业链思路的影响，在其创造力的影响下，创造性地通过纵向发展企业业务的方式解决了企业的成长瓶颈问题。受这一新思路的影响，他决定将企业价值获取方式由"收取单边服务费"，转变成为"免抽佣"的模式，转而通过免佣金获得大量用户数据，发掘海量数据资源背后的价值，通过"平台钻井"建立了新的收入来源，使企业销量获得指数级增长。综上所述，商业模式创新在创业者创造力和新创企业成长之间起中介作用。创业者需要关注不断变化的市场，并不断学习获取外部信息，发挥创造力为企业发展提供新的思路。同时，应该将新的思路通过应用到企业商业模式要素的创新上，以实现创意向价值的转化。

从实证研究可以发现，创业者成就需求通过商业模式创新促进新创企业成长。这说明具有更高成就需求的创业者能够将其发现的现状与愿景之间的差距转化为创新的冲动。这与 Tenzer 和 Yang（2019）的研究结果一致，具有更高成就需求的创业者会重视对目标的设定和实现，并努力通过进行诸如机会识别、创意发展、机会利用等行动以保证实现目标。具体而言，创业者成就需求对商业模式创新的子维度——价值主张创新、价值创造创新和价值获取创新均具有正向影响。商业模式创新是一项复杂性的活动，创新的过程面临巨大的来自惯性和冲突的阻碍，除了提出新颖的想法以外，创业者还需要强大的意志去面对可能存在的创新阻碍，直至目标实现，因此需要创业者对成就的强烈渴望去引导企业商业模式创新的可持续运行，以实现企业成长的目标。具体来说，一方面，具有较高水平成就需求的个体将形成以客户为导向的发展战略，往往会与客户建立亲密关系，从而有利于对不断变化的环境做出更快的反应（Parida 等，2012），不断发掘客户需求，实现产品或服务的不断革新（McGrath 等，1992）；另一方面，高度成就需求的创业者会专注于提高和控制效率（Collins 等，2004），这就使得企业不断创新价值创造和价值获取的方式。在案例研究中发现，一家位于广州的企业的创业者表现出强烈的成就需求，他是天生的完美主义，总要求为顾客提供最好的产品，因此他改变了企业"委托加工"的价值创造方式，用软件赋能生产线，实现了"大规模个性化定制"的价值主张，也因此坐稳家居市场头部交椅。综上所述，商业模式创新在创业者成就需求和新创企业成长之间起中介作用。

从实证研究可以发现，创业者风险承担性与商业模式创新之间的倒 U 形关系假设基本得到验证，创业者风险承担性并未通过与企业价值获取创新的倒 U 形关系假设。这一结果表明了创业者风险承担性对于企业商业模式创新作用的复杂性，虽然风险承担性并未通过倒 U 形关系的研究假设，但从检验结果可以看出其与价值获取创新存在显著正相关关系，因此若进一步扩大样本量，创业者风险承担性与价值获取创新的关系可能会逐渐显现。也存在这样的可能，创业者的风险承担性对价值获取创新具有正向影响，若具有风险承担性的创业者识别到的机会能直接作用于企业收入成本结构上，收入成本结构就可以实现对风险型机会的评估，即使由于较高的风险承担导致不合适的机会的出现，也可能由于价值获取模型而对不合适的机会进行规避，从而促进企业价值获取创新的实现。研究结果证实了创业者适当的风险承担性与价值创造和价值主张的倒 U 形关系。这一曲线关系说明创业者风险承担性高并非能够带来更高的商业模式创新，而是可能由于企业资源能力的限制使商业模式创新行为无法进行。当创业者风险承担性很低时，创业者会因不确定的环境避免风险型机会，但也因此使企业无法感知消费者需求的变化，无法进行创意的开发和利用，从而不能开发出新颖的产品或服务满足顾客需求，不利于企业创新其价值主张。同时，风险承担性很低的创业者不会主动发现和引入市场上的新技术，革新组织结构和工作流程，甚至在组织流程已经运作不佳的情况下，也无法做出及时调整，组织缺乏商业模式创新的动力和机会。一定程度的风险承担性能够使企业商业模式创新效能最大化，当创业者风险承担性逐渐提升之后，创业者能够在外部环境不确定的情况下仍不断识别市场上的机会以不断适应外部环境的变化，抓住新技术的风口建立与现有技术的新关联，制定与创新相关的战略目标，实现资源的有效调配，更新价值创造方式以抵御风险。而当风险承担性过高时，创业者可能执着于使用新方法或搜寻新机会，但由于实际情况难以捕捉合适机会，因此无法进行商业模式创新；抑或是创业者识别到的机会可能过于冒险激进，一旦投入资金引入新技术却发现无法给企业创造价值时，会产生资源短缺的严重后果，投入资源进行商业模式创新也将不利于创新产品或服务以及革新组织流程，最终导致商业模式创新失败。因此，创业者应该合理控制风险承担的倾向性，在注重对外部机会搜寻的同时，要避免对高风险项目的直接投入，以避免激进的投入导致资源不足，从而使商业模式创新失败。

6.3.4 共享愿景调节作用讨论

本书将共享愿景这一变量引入构建的新创企业成长的理论模型之中，分析共享愿景对于创业者人格特质与商业模式创新之间的调节作用。实证研究表明，共享愿景在创业者创造力与商业模式创新的关系中间的调节作用显著，假设H9a通过假设检验。共享愿景在创业者成就需求与商业模式创新的关系中间的调节作用显著，假设H9b通过假设检验。共享愿景在创业者风险承担性与商业模式创新的关系中间的调节作用不显著，假设H9c未通过假设检验。商业模式创新对于新创企业成长至关重要，但是商业模式创新却不易被实现（Chesbrough，2010），因此企业需要为商业模式创新过程提供有利的条件。一方面组织需要克服由组织惯性所引发的商业模式创新的阻碍，另一方面还需提供促进商业模式创新实现的关键要素和过程的条件。前文对商业模式创新的驱动因素和障碍进行了详细梳理，发现了组织成员对于促进商业模式创新的积极作用，重点关注了组织内共享愿景对于创业者人格特质与企业商业模式创新之间关系的边界作用，并通过实证研究发现了组织内共享愿景能够强化创业者创造力与成就需求对商业模式创新的促进作用。但共享愿景对风险承担性与商业模式创新的倒U形关系的调节效果却并不显著。具体表现如下：

首先，实证研究结果证实了共享愿景对创业者创造力与商业模式创新之间关系的促进作用。由前文可知创业者创造力有助于创业者发现机会，突破组织创新商业模式的障碍。但成功实施商业模式创新还需要团队成员的共同参与和配合，以实现企业战略方向的快速调整以及内部的资源和能力的灵活调用（Asemokha等，2019；Teece，2012）。在个体创造力转化为企业层面相关活动的过程中，创业者往往会由于缺乏对组织其他组成部分的考虑，或无法得到组织的配合而导致创意转化失败，这是创业者创造力在组织中不能成功转化为创新的重要原因（Cronin和Weingart，2007）。虽然具有创造力的创业者可以构思和推动创新，但创新是一种合作行为（Amabile和Pratt，2016），只有团队成员的共同努力与配合才能将创新的想法发展成为创造性的成果（Perry-Smith和

Shalley，2003）。这需要组织内共享愿景的作用。在共享愿景的作用下，具有创造力的创业者会形成创新型的组织氛围，这激发了组织关于创意想法的多样性（Perry-Smith 和 Mannucci，2017）。这种创新的氛围会贯穿到企业员工的日常行为之中，从而使得组织成员成为一个个信息节点，帮助企业搜集有关客户需求、竞争和市场数据的信息，有利于创业者获取更多可识别机会的来源。商业模式创新尤其受益于整合不同视角，以找到更有意义的想法进行开发。认知多样性对于开发创新和有用的想法至关重要（Shin等，2012）。同时，创新型的组织氛围促进跨职能沟通的开放性，组织内的新思想和新创意等信息能够在组织内快速传播，增强了企业内部信息和资源的流动（Choo，2013），有助于商业模式创新的快速实施。另外，创新型的组织氛围还可能营造一个对变革有敏锐洞察力的环境（Dove，2002）。这种敏锐的洞察力使企业能够积极主动地对外部环境变化做出反应，以快速应对外部环境变化以更新企业的价值主张。

其次，研究发现共享愿景对创业者成就需求与商业模式创新之间的关系具有正向调节作用。共享愿景是一种组织成员所拥有的对集体目标的一致性理解和共同愿望（Stress等，2018）。如前文所述，具有成就需求的创业者会形成组织的顾客导向和目标导向，从而有助于实现以效率为核心的商业模式创新。共享愿景意味着企业的目标是高度受重视的，明确的并被组织成员认为是可以实现的。共享愿景使组织成员之间产生实现共同目标的使命感和承诺感，为商业模式创新的实现提供必要条件（Cardinal，2001；Gilson 和 Shalley，2004）。因此，在高共享愿景的影响下创业者成就需求对商业模式创新的影响会被显著增强，低共享愿景会减弱这种影响。具有高成就需求的创业者会为组织设定较高的组织目标，在共享愿景的作用下组织内成员会形成个体之间的相互依赖并产生强烈的合作动机。当组织具有挑战性的目标，组织成员间的相互依赖和合作动机会促进这一挑战性目标的实现，合力克服创新阻碍共同对组织商业模式进行迭代升级。与此同时，更大的职能间合作增加了组织成员间共同的责任，并分担了与具体变革行动相关的风险。另一方面，共享愿景还有利于实现个人目标与组织目标的一致性，当企业面临创新困境和阻碍时，具有高成就需求的创业者会以顽强的毅力坚持实现目标，并不断克服企业创新商业模式的各种阻碍。在组织内高共享愿景的作用下，企业成员会形成出一种与创业者一致的"奋斗感"，使组织成员与创业者一同坚持直至目标实现。而在企业较为平稳发展时，创业者也可以通过共享愿景，通过一些奖励机制实现正向反馈，激发团队成员的成就需求，以实现商业模式的持续创新。

最后，实证研究结果显示共享愿景对于创业者风险承担性与商业模式创新之间的调节作用不显著，这一结果本书通过数据分析、文献阅读和案例调研发现原因可能来自以下几个方面：一是研究的样本量不足，统计检测力受到影响。二是从组织成员的角度看，创新对组织的结果是不确定的（Wu，2013），尤其是具有冒险性质的创新。冒险行动可能会使组织成员难以看到风险型变革的价值，因此不太可能将个人发展目标纳入到创业者的风险愿望之中，也不太可能做出较大改变（Walter和Bruch，2010）。因此，组织成员可能表现出缺乏参与设计高度不确定性的活动的意愿（Liu等，2012；Elenkov和Manev，2005）。这在一定程度抵消了创业者高风险承担性所蕴含的冒险性组织行动的意图，进而抑制了商业模式创新的进程。三是共享愿景对创业者风险承担性与商业模式创新之间关系的作用可能是非线性的。研究假设共享愿景将强化创业者风险承担与企业商业模式创新的倒U形关系，但实际上对于新创企业而言，即使是高风险承担性的创业者也不会为企业建立过于冒险的组织目标并形成书面的愿景，而仅仅可能产生一种冒险倾向，影响组织氛围或建立一种组织文化。在共享愿景的作用下组织成员更可能在了解领导者的冒险行动背后的目的之后，产生理性思维，从而在创业者表现出高风险承担性时对创业者进行劝阻，弱化高风险承担性带来的严重后果。

6.4 本章小结

本章在前几章提出的理论模型与研究假设的基础上进行实证分析。研究采用SPSS26.0对有效样本数据进行描述性统计分析、相关性分析，对样本数据的分布特点及相关关系进行进一步检验，并结合第4章提出的24条研究假设，在创业者创造力、创业者成就需求、创业者风险承担性、商业模式创新、共享愿景、新创企业成长这几个主要变量之间建立多元回归模型，运用多元线性回归分析和拔靴法（Bootstrap）进行假设检验。其中有22条假设通过了假设检验，2条未通过。最后对实证结果进行初步分析与讨论。

7　研究结论与展望

　　本书在不确定且复杂的新时代背景下以新创企业为研究对象，探究了创业者人格特质——创造力、成就需求与风险承担性、商业模式创新、共享愿景与新创企业成长之间的作用关系。结合前文对创业者人格特质、商业模式创新、共享愿景与新创企业成长之间关系的理论研究和实证研究的结果，本章对创业者创造力、成就需求以及风险承担性、商业模式创新、共享愿景以及新创企业成长之间的关系进行总结和回顾，提出本书的理论贡献和创新点，进一步为创业者如何在不确定环境下带领新创企业生存和成长提供一定的实践启示。最后，指出了本书存在的一些不足和局限性，在未来研究展望中明确下一步深入研究的方向。

7.1　研究结论

　　近年来创业者人格特质与新创企业成长的关系逐渐成为创业领域学者们所关注的热点话题，但是对于创业者人格特质在新创企业发展过程中的作用机制，却没有很好地揭示出来。本书以不确定和复杂环境背景下的新创企业作为研究对象，基于现实中的研究问题针对现有理论研究的不足，旨在探讨创业者人格特质对新创企业成长的作用机制及边界条件。本书依据高阶理论、熊彼特创新理论、企业成长理论，遵循"特质—行为—结果"的研究逻辑，在系统对相关理论进行梳理和对已有文献进行总结后，构建了以共享愿景为调节变量的"创业者人格特质—商业模式创新—新创企业成长"的理论模型，具体考察了创业者创造力、成就需求以及风险承担性这几种不同的人格特质对商业模式创新的影响、商业模式创新及其子维度对新创企业成长的影响以及商业模式创新的中介作用和共享愿景的调节作用。

本书采用问卷调查法历时1年分两阶段通过实地调研、E-mail、微信、电话以及线上问卷等方式对东北、华北、华中、华南地区10个省份的新创企业进行调研，总共获得了230家企业的有效数据。使用SPSS26.0和AMOS24.0对数据进行了信度、效度以及相关性分析，确保问卷和数据的有效性。通过多元线性回归的方法以及Bootstrap方法对24条假设进行假设检验，其中22条假设得到了数据的支持，2条未通过检验。基于以上实证分析本书得出如下研究结论：

第一，新时代下创业者人格特质对新创企业成长具有不同程度的促进作用。研究结果表明，创业者创造力、成就需求都能不同程度地促进新创企业的成长，而过高或过低的风险承担性都将给新创企业成长带来负面影响，只有适当的创业者风险承担性能够促进新创企业成长。基于现有文献的研究，本书分析了创业者创造力对新创企业成长的促进作用，这与Antoncic等（2018）、单标安等（2018）的研究结论一致。通过案例研究与实证分析本书发现，创造力对于新创企业的成长至关重要，具有创造力的创业者能够发现别人难以发现的机会，通过新颖的方式解决企业经营管理中的问题实现企业成长。同时，本书还发现创业者成就需求与新创企业成长之间存在显著的正相关关系。具有成就需求的创业者能够通过设定更高的企业目标，并以目标为导向识别与目标相匹配的机会，全身心地投入到目标的达成，并在遇到困境时勇于挑战、积极应对，进而实现新创企业的成长。本书还对创业者的风险承担性与新创企业成长性的关系进行了探索，发现创业者风险承担性与新创企业成长之间呈倒U形的关系而非简单线性关系。具有一定风险承担性的创业者能够在高外部风险的环境下仍表现出冒险的倾向，这对于新创企业积极探索外部机会和资源具有促进作用，并有更多的可能性实现企业成长。但过度的风险承担性会使得创业者过于乐观而忽视可能的威胁，导致新创企业本就有限的资源被浪费反而阻碍企业的发展。

第二，本书发现了商业模式创新在创业者人格特质与新创企业成长之间发挥中介作用。复杂多变的环境和新进入缺陷使得新创企业生存率低、成长速度缓慢。Shephard等（2000）发现新进入缺陷得到响应的速度和程度是一些新创企业能够生存和成长，而另一些新创企业无法生存和成长的根本原因。商业模式创新能够帮助企业实现对新创意、新技术、新机会的利用以更好地实现组织资源的调用，应对外部环境的变化。因此，商业模式创新对新创企业成长具有促进作用，本书证实了这一假设。同时，本书发现了创业者人格特质并非直接作用于新创企业成长，而是通过促进商业模式创新从而带来新创企业成长。本书基于高阶理论、熊彼特创新理论和企业成长理论，探讨了创业者人格特质、商业模式创新与新创企业成长之间的作用机理。基于大规模样本的实证分析检验了商业模式创新的中介效应，研究表明创业者创造力、成就需求对商业模式创新具有正向影响，创业者风险承担性与商业模式创新呈倒U形关系。本书还对创业者人格特质与商业模式创新的子维度的关系进行检验，除风险承担性对于价值获取创新的影响并不显著外，其他假设均通过假设检验，同时发现不同的人格特质对商业模式创新的各维度的驱动作用不同。商业模式创新对新创企业成长具有积极影响，商业模式创新的几个子维度都能显著促进新创企业成长，但作用效果不如作为整体的商业模式创新大。新创中小企业中创造力和成就需求是促使企业进行商业模式创新的重要人格特质，进一步对企业成长发挥作用。

第三，共享愿景在创业者创造力、成就需求与商业模式创新的关系中起正向调节作用，但对风险承担性与商业模式创新之间的关系作用不显著。共享愿景调节了创业者创造力、成就需求和商业模式创新之间的关系。共享愿景越高，创业者创造力、成就需求对企业商业模式创新的作用就越强。共享愿景代表了组织成员具有一致的集体目标和共同愿望

(Stress 等，2018），共享愿景越高，组织的凝聚力就越强，越有利于组织内的协作。新创企业在创立初期其组织结构不完善且尚未形成较为规范的制度，组织成员间缺乏相互配合的默契，这不利于企业创新的实施。而在共享愿景的作用下，通过组织领导者对组织目标的传递和组织成员对组织愿景的分享能够使组织成员增强彼此之间的信任，并形成对组织的承诺，因此有利于促成和实现共同的组织目标。研究结果表明，共享愿景会强化创业者创造力对商业模式创新的促进作用，即在高共享愿景的情境下，创业者创造力对商业模式创新的促进作用要明显强于低共享愿景情境下创业者创造力对商业模式创新的促进作用。同时，组织内共享愿景加强了创业者成就需求与商业模式创新的关系。由于创业者的高成就需求意味着为企业设定高目标，当这种高目标被广泛认可和学习时，成就需求就能促使企业更好地实现商业模式创新的目标。而创业者风险承担性与创业企业商业模式创新之间的曲线关系没有被共享愿景所调节。实际上对于新创企业而言，高风险承担性的创业者并不会为企业建立过于冒险的组织目标并形成书面的愿景，仅仅可能产生一种冒险倾向影响组织氛围或建立一种组织文化，在共享愿景的作用下团队成员可能在组织目标的指导下产生理性思维，从而在创业者表现出高风险承担性时对创业者进行劝阻，从而弱化高风险承担性带来的恶劣后果。

7.2　理论贡献

本书基于新创企业特征，从心理学视角来探索新创企业创业者的人格特质对于企业成长的影响机理，揭示企业商业模式创新、共享愿景在这一影响过程中的关键作用。本书的理论贡献与创新之处主要体现在以下几个方面：

第一，识别了影响创业活动的 3 个关键性创业者特质，并实证检验不同特质对新创企业成长的差异化作用。尽管创业者人格特质很早就被创业领域研究者所关注，然而多数研究关注的是"大五人格"特质，并且其与创业活动之间到底存在怎样的关系一直备受争论（如丁小洲等，2023；单标安等，2017；Khedhaouria 等，2015）。基于此，本书系统梳理了现有关于创业者人格特质的文献，结合新创企业的特征，识别了与之相匹配的 3 个典型创业者特质，即创造力、成就需求以及风险承担性。通过大规模问卷调查，实证检验了这 3 个具有代表性的创业者特质对新创企业成长的影响。研究结果表明，创业者创造力、成就需求与风险承担性对新创企业成长产生差异化的影响，其中创造力与成就需求显著促进新创企业成长，而风险承担性与新创企业成长呈倒 U 形关系，而非简单线性相关关系。本书结论证实了创业者不同人格特质与新企业产出之间的内在关系，进一步细化了创业者不同特质对新创企业的差异化作用。本书通过探索创业者心理特征，检验了创业者创造力、成就需求与风险承担性对企业层面的作用结果。同时，通过增加重要的个人层面特质变量扩展了高阶理论的研究（Hambrick，2007）。

第二，本书探索性地将商业模式创新引入创业者特质研究框架之中，分析创业者特质对商业模式创新的影响，并从商业模式创新视角揭示创业者人格特质对新创企业成长的作用路径。现有关于特质论的研究重点分析了创业者特质与创业产出之间的直接关系且研究并未达成一致的结论（Baum 和 Locke，2004；Khedhaouria 等，2015；Peljko 和 Antoncic，2022）。为此，研究者多从创业者特质的测量、研究对象的选择等角度进行分析，而忽略了创业者特质对企业产出的影响路径和机理的研究。基于此，本书认为创业者特质与新创企业成长二者间不是直接的关系。根据熊彼特创新理论，探索性地引入商业模式创新这一变量，揭示创业者 3 个典型的特质对商业模式创新的影响，并提出创业者人格特质会通过商业模式创新对新创企业成长产生间接影响，即从商业模式创新这一视角探索人格特质对新创企业成长的作用路径。相关研究结论响应了韩炜和高宇（2022）对深入研究新创企业商业模式创新能力塑造的呼吁，有助于进一步解释创业者人格特质与新创企业产出的内在关系，在一定程度上解决了目前存在的相关争论。本书强调创业者人格特质的作用，尤其是创造力、成就需求和风险承担与企业商业模式创新的关系，并进一步预测企业的成长性。这提供了对促进新创企业商业模式创新的内部驱动因素的见解，有助于进一步提升新创企业商业模式创新的能力。本书还构建了人格特质与价值主张创新、价值创造创新和价值获取创新 3 个维度的实证模型，发现了不同人格特质对商业模式创新子维度的作用并不相同，加深了人格特质对商业模式创新潜在机制的理解。

第三，本书分析了组织共享愿景的情境化作用，实证检验了共享愿景在创业者人格特质与商业模式创新间的调节效应，证实了共享愿景加强了创业者人格特质在商业模式创新方面的作用，创业者创造力和成就需求所提供的隐性方向与企业共享愿景提供的显性方向间的交互作用与商业模式创新有关。尽管创业者的创造力与成就需求为企业提供的是一个隐含的方向，但共享愿景却为企业的使命和愿景提供明确的信息。拥有更高程度共享愿景的企业能够保证组织内成员也拥有共同的目标和价值观，尤其是在初创的规模较小的企业中。明确的愿景直接转化为企业文化，企业文化进一步推动组织创新（Tellis 等，2009）。现有研究仅有少量文献探讨创业者人格特质对新创企业产生影响的情境化因素，如分析外部环境的调节作用，忽略了组织内部形成的共享愿景的影响。本书探讨了共享愿景这一情境因素的作用，发现共享愿景使组织成员追求一致的目标，改善了企业内部的知识交流与合作。作为组织所有成员对企业未来发展所形成的共同的、自发性的愿望，共享愿景能够减少沟通上的分歧，激励组织成员发挥其人力资本的优势，促进有创造力、成就需求等特征的创业者更好地进行商业模式创新决策的制定和实施。一个团结、有针对性方向的组织，能更好地理解和处理由创业者人格特质所提供的组织发展的方向。共享愿景改善了组织内成员间的沟通，使得创业者的创造力和成就需求容易传递给员工，同一语境下更容易改善组织成员间的沟通。本书的发现将较好地弥补已有关于创业者特质的相关情境化因素分析的不足。

7.3　实践启示

2022 年政府工作报告中，将"双创"变更为"三创"，在原有"创新""创业"的基础上，增加了"创富"一词，这说明了国家对于鼓励新时代优秀创业者的深切期望。对于创业者而言，创业不是目的，通过创业实现"创富"才是"双创"的根本目标。这与硅谷成功的机制相似，通过技术创新、商业模式创新以及市场创新等创新机制，创办新企业，激发投资市场热度，引导财富进入创新创业新领域，创造财富增量。因此，为了帮助新创企业增加创业成功的概率，实现创富的目标，本书通过构建创业者人格特质、商业模式创新、新创企业成长以及共享愿景之间关系的理论模型，为激发创业者人格特质、引导创业者通过商业模式创新克服环境挑战提供理论指导和实践借鉴，为新创企业突破生存瓶颈实现高成长性提供帮助。

首先，本书对于指导新创企业成长具有一定的实践意义，创业者应根据其个人特质，针对性地进行企业家精神的培育和创新能力的塑造。新创企业创业者必须在规模小、资源少、能力差的情况下，准确把握市场和经济命脉，因时制宜确定企业发展的方向，在危机中利用机遇实现成长。创业者应该释放自身的创造力潜能，充分发挥创造力的作用，对创新型机会进行深入挖掘。通过创业培训，加深对市场的理解，识别市场空白抢占"先发优势"，通过开展创新活动塑造和维持企业可持续的竞争优势。本书发现创造力是一种能够被进一步开发和培养的个人特质（Ahlin 等，2013），因此建议创业者从事一些能够增强创造力的活动，尤其是一些创业培训（如MBA商学院），为创业者产生有用的想法、提高创新技能、接受外部环境变化、探索和利用机会提供指导（Ahlin 等，2013）。同时，创业者应该重视运用自身的成就需求，并通过训练和情境诱导的方式加以提升。具有成就需求的创业者，应该主动接受有挑战的任务，将困难和挑战视为改进的机会。为企业设定高水平的行动目标，努力克服企业生存和成长过程中的挑战，在困难面前表现出勇气和韧性，打造具有战略敏捷性的企业以实现企业的长远目标。最后，创业者应该适当发挥其风险承担性。新创企业从生存到成长的整个阶段始终伴随着巨大的风险和挑战，创业者在面临波动的环境时，应避免采取消极的态度，主动搜寻具有挑战性的机会，以仔细平衡核心产品的低风险机会和非核心产品的新的高风险增长机会的"组合"，开展商业模式创新。对于具有高度风险承担性的创业者，应该主动对企业风险进行管理和计算，最大程度地减少由过度冒险对企业商业模式创新的不利影响。

准确评估风险回报可以减少错误的发生，并对企业策略进行及时调整。当创业者错误地评估与某些业务运营相关的风险时，应该提前做好如何应对这一情况的准备。

其次，新创企业更应该专注于创新商业模式，并塑造商业模式创新的能力。商业模式创新是企业构建组织能力、制定企业战略的根基，是组织获取成功的关键路径。本书通过案例和实证研究说明了商业模式创新对新创企业成长的促进作用，并通过对商业模式创新的解构，从价值活动视角验证了商业模式创新对新创企业成长的作用机制。IBM早在2008年就发现营业利润率增长速度快于竞争对手的企业，对商业模式创新的重视程度是表现不佳的公司的两倍。因此创业者应该对企业的商业模式予以充分考量并进行针对性的更新。本书建议，新创企业应该对商业模式进行解构，通过对企业原有的价值主张、价值创造和价值获取活动进行评价和思考，寻求创新商业模式的新方法。新创企业可以通过开发新产品、利用新技术、吸引新合作伙伴或构建新流程等方式实现企业的商业模式创新。通过高度关注客户需求对价值主张进行创新，以吸引和保留其客户群体；通过重组活动或对企业资源的重新配置对企业创造价值的过程进行创新，以降低交易成本。研究发现商业模式创新的3个维度对企业绩效的作用结果并不相同，尽管商业模式创新作为一个整体对企业成长具有显著的促进作用，但是研究结果表明，商业模式某一维度的创新虽然也能对新创企业成长有促进作用，但这种促进作用是有限的，因此创业者应该充分意识到系统化进行商业模式创新的必要性。通过剖析商业模式创新对企业成长的内在作用机制，本书建议新创企业在创新商业模式时应遵循以下原则：一是创业者需要深入了解客户需求以及可能满足这些需求的技术和组织资源，因此创业者应该发挥其成就需求，紧紧围绕客户实现对企业资源和能力的重组或升级，不断对产品/服务进行迭代和完善。二是新创企业面临资源匮乏的问题时，创业者应充分发挥其创造力的作用，积极涌现新想法，认识到自身商业模式的不足，通过创新商业模式实现新想法。三是运用活动系统观对商业模式创新进行整体性变革，保证价值要素间的相辅相成。四是商业模式创新会遭遇来自组织惯性和个体思维惯性的阻碍，创业者需要适当发挥风险承担性对外部环境进行快速、大胆且准确的判断，根据外部竞争环境对商业模式进行模仿、组合或颠覆式的革新。

最后，新创企业应该重视组织内共享愿景的建设。本书通过实证研究证实了共享愿景在创业者人格特质与商业模式创新之间的调节效应。组织共享愿景的建设，能够加强创业者创造力、成就需求对商业模式创新的促进作用。因此，建立新企业的创业者必须与组织成员分享他们的愿景，以便在所有组织成员之间建立合作和发挥协同的作用，这对于新创企业尤为重要（Chen，2015）。Wang和Poutziouris（2010）对英国5 000多家新创中小企业业主的管理模式调查后证实，实践中运用共享愿景指导员工行为的做法很常见，但却没有刻意强调它的作用。新创企业由于规模小、层级少、员工数量有限，因此共享愿景发挥的作用远比设想的要大。但是实际上一些新创企业的创业者在愿景的分享方面存在顾虑，认为这是没有必要的行为。通过实证研究证实了在共享愿景的作用下，创业者人格特质对商业模式创新的作用会被强化，表明了共享组织愿景的重要性。通过实际调研发现，新创企业所有者疏忽于建立愿景的主要原因是不会以最佳的方式应用愿景（Van der Walt等，2004），因此本书从案例研究中提炼出如何塑造组织共享愿景的方法。通过案例发现共享愿景不是仅仅设定一个企业目标，为了有利于组织目标的实现，愿景需要被领导者和追随者传达和分享（Senge，1990）。新创企业的创业者应该注重与员工之间的沟通，尤其是注重将个人的经验和感受与员工进行分享，包括如何看待外部环境以及用什么样的眼光审视客户以及如何对待客户，使员工的愿景与领导者保持一致，以使企业更具吸引力。在领导者和员工的共同作用下提升客户体验，这一点在以客户为导向的企业中尤为明显。领导者要充分利用愿景唤醒员工的主观能动性，让他们建立起对组织的承诺，从而更努力地工作。当员工发现组织愿景中的自我定义是有吸引力的，他们会倾向于留在雇主身边，减少离职率。因此，在设计组织愿景时应将组织成员的作用纳入组织未来的发展之中。"众人拾柴火焰高"，在竞争日益激烈的商业环境中，共享愿景的存在有利于促进个人与集体的成功（单标安等，2020）。因此，企业在管理实践中应当注重组织的共享愿景建设，以让组织成员间具备"共同的目标",并由上而下形成明确的目标和发展方向。一方面这是组织凝聚力的核心,推动企业自上而下参与到组织创新活动中来,极大地激发员工的创造力、成就需求等特质的发挥;另一方面共享愿景的存在促使组织员工以积极的情绪面对与创新相关的一系列困境和任务,这在组织转型和变革过程中是极为关键的支持力量。那些成功进行商业模式创新的企业的一大特征便是充分发挥了集体的作用,充分调动了员工的创造力和自主性,以更好地重新配置资源和能力,形成新的价值主张、价值获取或创造方式。因此,创业者应该通过招聘适当的人员,建立组织愿景并积极地与员工分享,通过合作和沟通,营造发挥员工个人能力的条件。

7.4 研究局限性与未来研究展望

本书基于高阶理论、企业成长理论和熊彼特创新理论,探讨了创业者人格特质、商业模式创新、新创企业成长之间的作用机制,分析了商业模式创新在其中发挥的中介作用,并从企业内部视角挖掘了创业者人格特质对企业商业模式创新产生影响的边界条件,探讨了共享愿景在创业者人格特质与商业模式创新关系之间的调节效应,具有一定的理论价值和实践意义。但本书也存在着一些研究局限和不足,需要在后续的研究中进行改进和更加深入地探索。本书的研究局限性主要体现在以下几个方面:

第一,在变量测度方面。本书仅通过创业者一人的主观评价判断个人的人格特质以及企业层面的变量。尽管对共同方法偏差问题进行了检验,但是调查结果仍可能会存在一定的偏向性。在未来的研究中,我们会通过创业者自评和员工感知两种途径或直接采用实验的方法来对创业者的人格特质进行测量,调研同行业其他企业对焦点企业商业模式创新的评价,对商业模式创新进行更客观的判断。另外,本书虽然采用了两阶段法进行调研,但实际上只在企业发展的某一时间段内评估了创业者的人格特质和企业层面的变量,数据搜集时间过于短暂。创业者人格特质可能会随着时间、规模的变化而表现出对企业层面变量不同的影响程度。因此，本书结果仅代表企业某一时期的创业者人格特质、商业模式创新与新创企业成长之间的关系，无法验证人格特质在企业发展的整个生命周期中的动态的作用。未来研究可以使用面板数据以有力地验证变量间关系的方向性，通过纵向研究比较人格特质对企业作用的短期和长期影响。

第二，在调查对象选取方面。本书对企业所属行业进行了区分，但仅做高科技企业和非高科技企业的划分。实际上，不同行业之间创业者人格特质与企业成长的关系有着较大的差距。如创意产业其创业者的创造力对新创企业成长有着更为重要的意义。因此，在未来的研究中，我们将进一步细分行业所属类别，探究不同行业的创业者人格特质对企业成长作用的差异性。同时，本书只对新创企业进行了研究，未考虑随着企业规模增大，企业中的高层管理团队与创始人之间的互动作用机制，在高管团队的作用下，创业者人格特质的作用可能被削弱。未来研究将进一步探究组织结构完善的情况下，创业者人格特质与高管团队的互动机制对企业成长的作用。

第三，在研究内容方面。本书仅对新创企业创业者的创造力、成就需求和风险承担性这几种人格特质对企业成长的作用进行了研究，没有包含所有的可能影响组织商业模式创新的前因。同时，在探讨创业者人格特质对新创企业成长的作用路径时，仅从商业模式创新视角进行讨论，实际上企业的资源、能力、创业导向都被认为对新创企业成长有着重要作用。此外，本书在进行共享愿景的研究时，仅对组织内共享愿景的作用进行了探讨，对于组织间共享愿景发挥的作用没有进行深入分析，未来研究会将更多变量纳入该模型之中，从而更全面和深入地揭示创业者心理特征对新创企业成长的作用机制。

参 考 文 献

[1] ABEBE M, MYINT P P A. Board characteristics and the likelihood of business model innovation adoption: Evidence from the smart home industry [J]. International Journal of Innovation Management, 2018, 22 (1): 1850006.

[2] ACHTENHAGEN L, MELIN L, NALDI L.Dynamics of business models-strategizing, critical capabilities and activities for sustained value creation [J]. Long Range Planning, 2013, 46 (6): 427-442.

[3] AHLIN B, DRNOVSEK M, HISRICH R D.Entrepreneurs's creativity and firm innovation: The moderating role of entrepreneurial self-efficacy [J]. Small Business Economics, 2014, 43 (1): 101-117.

[4] AHMED T, KLOBAS J E, RAMAYAH T.Personality traits, demographic factors and entrepreneurial intentions: Improved understanding from a moderated mediation study [J]. Entrepreneurship Research Journal, 2021, 11 (4): 16.

[5] AKBARI M, BAGHERI A, IMANI S, et al. Does entrepreneurial leadership encourage innovation work behavior? The mediating role of creativity self-efficacy and support for innovation [J]. European Journal of Innovation Management, 2021, 24 (1): 1-22.

[6] AMABILE T M, CONTI R, COON H, et al. Assessing the work environment for creativity [J]. Academy of Management Journal,

1996, 39（5）：1154-1184.

[7] AMIT R, HAN X.Value creation through novel resource configurations in a digitally enabled world［J］. Strategic Entrepreneurship Journal, 2017, 11（3）：228-242.

[8] AMIT R, ZOTT C.Value creation in e-business［J］. Strategic Management Journal, 2001, 22（6-7）：493-520.

[9] AN W W, ZHANG J Q, YOU C D, et al.Entrepreneur's creativity and firm-level innovation performance：Bricolage as a mediator［J］. Technology Analysis & Strategic Management, 2018, 30（7）：838-851.

[10] ANDERSON N, POTOCNIK K, ZHOU J. Innovation and creativity in organizations：A state-of-the-science review, prospective commentary, and guiding framework［J］. Journal of Management, 2014, 40（5）：1297-1333.

[11] ANWAR M, SHAH S Z A, KHAN S Z, et al.Manager's personality and business model innovation［J］. International Journal of Innovation Management, 2019, 23（7）：27.

[12] ASPARA J, LAMBERG J A, LAUKIA A, et al.Strategic management of business model transformation：Lessons from Nokia［J］. Management Decision, 2011, 49（3-4）：622-647.

[13] BADEN-FULLER C, HAEFLIGER S.Business models and technological innovation［J］. Long Range Planning, 2013, 46（6）：419-426.

[14] BAER M. Putting creativity to work：The implementation of creative ideas in organizations［J］. Academy of Management Journal, 2012, 55（5）：1102-1119.

[15] BARON R A, TANG J T.The role of entrepreneurs in firm-level innovation：Joint effects of positive affect, creativity, and environmental dynamism［J］. Journal of Business Venturing, 2011, 26（1）：49-60.

[16] BASHIR M, NAQSHBANDI M M, FAROOQ R. Business model innovation：A systematic review and future research directions［J］. International Journal of Innovation Science, 2020, 12（4）：457-476.

[17] BAUM J R, LOCKE E A.The relationship of entrepreneurial traits, skill, and motivation to subsequent venture growth［J］. Journal of Applied Psychology, 2004, 89（4）：587-598.

[18] BERSON Y, WALDMAN D A, PEARCE C L.Enhancing our understanding

of vision in organizations: Toward an integration of leader and follower processes [J]. Organizational Psychology Review, 2016, 6 (2): 171-191.

[19] BHATTI S H, SANTORO G, KHAN J, et al.Antecedents and consequences of business model innovation in the IT industry [J]. Journal of Business Research, 2021 (123): 389-400.

[20] BITETTI L, GIBBERT M. The road to continuous business model innovation: A longitudinal study unveiling patterns of cognitive sensing dynamic capabilities [J]. Creativity and Innovation Management, 2022, 31 (1): 123-140.

[21] BOCK A J, OPSAHL T, GEORGE G, et al.The effects of culture and structure on strategic flexibility during business model innovation [J]. Journal of Management Studies, 2012, 49 (2): 279-305.

[22] BREIER M, KALLMUENZER A, CLAUSS T, et al.The role of business model innovation in the hospitality industry during the COVID-19 crisis [J]. International Journal of Hospitality Management, 2021 (92): 10.

[23] CALIENDO M, GOETHNER M, WEISSENBERGER M.Entrepreneurial persistence beyond survival: Measurement and determinants [J]. Journal of Small Business Management, 2020, 58 (3): 617-647.

[24] CASADESUS-MASANELL R, ZHU F. Business model innovation and competitive imitation: The case of sponsor-based business models [J]. Strategic Management Journal, 2013, 34 (4): 464-482.

[25] CHAI D S, HWANG S J, JOO B K. Transformational leadership and organizational commitment in teams: The mediating roles of shared vision and team-goal commitment [J]. Performance Improvement Quarterly, 2017, 30 (2): 137-158.

[26] CHANG Y Y, CHEN M H.Creative entrepreneurs's creativity, opportunity recognition, and career success: Is resource availability a double-edged sword? [J]. European Management Journal, 2020, 38 (5): 750-762.

[27] CHEN C H.Effects of shared vision and integrations on entrepreneurial performance empirical analyses of 246 new Chinese ventures [J]. Chinese Management Studies, 2015, 9 (2): 150-175.

[28] CHEN M H, CHANG Y Y, WANG H Y, et al. Understanding creative entrepreneurs's intention to quit: The role of entrepreneurial motivation,

creativity, and opportunity [J]. Entrepreneurship Research Journal, 2017, 7 (3): 15.

[29] CHEN X S, LIU C X, LIU F, et al.Firm sustainable growth during the COVID-19 pandemic: The role of customer concentration [J]. Emerging Markets Finance and Trade, 2021, 57 (6): 1566-1577.

[30] CHESBROUGH H.Business model innovation: Opportunities and barriers [J]. Long Range Planning, 2010, 43 (2-3): 354-363.

[31] CILLO P, PRIEM R L, VERONA G, et al.Consumer-CEO interaction as catalyst for business model innovation in established firms [J]. Journal of Business Research, 2021 (131): 241-253.

[32] CLAUSS T. Measuring business model innovation: Conceptualization, scale development, and proof of performance [J]. R & D Management, 2017, 47 (3): 385-403.

[33] CLAUSS T, ABEBE M, TANGPONG C, et al.Strategic agility, business model innovation, and firm performance: An empirical investigation [J]. Ieee Transactions on Engineering Management, 2021, 68 (3): 767-784.

[34] COAD A, SEGARRA A, TERUEL M.Innovation and firm growth: Does firm age play a role? [J]. Research Policy, 2016, 45 (2): 387-400.

[35] CORTIMIGLIA M N, GHEZZI A, FRANK A G.Business model innovation and strategy making nexus: Evidence from a cross-industry mixed-methods study [J]. R & D Management, 2016, 46 (3): 414-432.

[36] COSTA P, MCCRAE R.Four ways five factors are basic [J]. Personality and Individual Differences, 1992, 13 (6): 653-665.

[37] CRANT J M. The proactive personality scale as a predictor of entrepreneurial intentions [J]. Journal of Small Business Management, 1996, 34 (3): 42.

[38] CUCCULELLI M, BETTINELLI C.Business models, intangibles and firm performance: Evidence on corporate entrepreneurship from Italian manufacturing smes [J]. Small Business Economics, 2015, 45 (2): 329-350.

[39] DE CAROLIS D M, LITZKY B E, EDDLESTON K A. Why networks enhance the progress of new venture creation: The influence of social capital and cognition [J]. Entrepreneurship Theory and Practice, 2009, 33 (2): 527-545.

[40] DEMIL B, LECOCQ X. Business model evolution: In search of dynamic consistency [J]. Long Range Planning, 2010, 43 (2-3): 227-246.

[41] EVANS S, VLADIMIROVA D, HOLGADO M, et al. Business model innovation for sustainability: Towards a unified perspective for creation of sustainable business models [J]. Business Strategy and the Environment, 2017, 26 (5): 597-608.

[42] FISHER G, KOTHA S, LAHIRI A. Changing with the times: An integrated view of identity, legitimacy, and new venture life cycles [J]. Academy of Management Review, 2016, 41 (3): 383-409.

[43] FOSS N J, SAEBI T. Business models and business model innovation: Between wicked and paradigmatic problems [J]. Long Range Planning, 2018, 51 (1): 9-21.

[44] GARCIA-GRANERO A, LLOPIS O, FERNANDEZ-MESA A, et al. Unraveling the link between managerial risk-taking and innovation: The mediating role of a risk-taking climate [J]. Journal of Business Research, 2015, 68 (5): 1094-1104.

[45] GARFIELD M J, TAYLOR N J, DENNIS A R, et al. Research report: Modifying paradigms - individual differences, creativity techniques, and exposure to ideas in group idea generation [J]. Information Systems Research, 2001, 12 (3): 322-333.

[46] GEROSKI P, KRETSCHMER T, WALTERS C. Corporate productivity growth: Champions, leaders, and laggards [J]. Economic Inquiry, 2009, 47 (1): 1-17.

[47] GIELNIK M M, BARABAS S, FRESE M, et al. A temporal analysis of how entrepreneurial goal intentions, positive fantasies, and action planning affect starting a new venture and when the effects wear off [J]. Journal of Business Venturing, 2014, 29 (6): 755-772.

[48] GIELNIK M M, KRAMER A C, KAPPEL B, et al. Antecedents of business opportunity identification and innovation: Investigating the interplay of information processing and information acquisition [J]. Applied Psychology-an International Review-Psychologie Appliquee-Revue Internationale, 2014, 63 (2): 344-381.

[49] GIEURE C, BENAVIDES-ESPINOSA M D, ROIG-DOBON S. The entrepreneurial process: The link between intentions and behavior [J]. Journal of Business Research, 2020 (112): 541-548.

［50］ GILBERT B A, MCDOUGALL P P, AUDRETSCH D B. New venture growth：A review and extension ［J］. Journal of Management, 2006, 32 (6)：926-950.

［51］ GILLEY K M W, BRUCE A, OLSON, et al. Top management team risk taking propensities and firm performance：Direct and moderating effects ［J］. Journal of Business Strategies, 2002, 19 (2)：95-114.

［52］ GILSON L L, LITCHFIELD R C. Idea collections：A link between creativity and innovation ［J］. Innovation-Organization & Management, 2017, 19 (1)：80-85.

［53］ GUMUSLUOGLU L, ILSEV A. Transformational leadership, creativity, and organizational innovation ［J］. Journal of Business Research, 2009, 62 (4)：461-473.

［54］ GUO H, GUO A Q, MA H J. Inside the black box：How business model innovation contributes to digital start-up performance ［J］. Journal of Innovation & Knowledge, 2022, 7 (2)：11.

［55］ GUO H, SU Z F, AHLSTROM D. Business model innovation：The effects of exploratory orientation, opportunity recognition, and entrepreneurial bricolage in an emerging economy ［J］. Asia Pacific Journal of Management, 2016, 33 (2)：533-549.

［56］ GUPTA A, NADKARNI S, MARIAM M. Dispositional sources of managerial discretion：CEO ideology, ceo personality, and firm strategies ［J］. Administrative Science Quarterly, 2019, 64 (4)：855-893.

［57］ GUPTA P D, GUHA S, KRISHNASWAMI S S. Firm growth and its determinants ［J］. Journal of Innovation and Entrepreneurship, 2013, 2 (1)：15.

［58］ HAMBRICK D C, MASON P A. Upper echelons - the organization as a reflection of its top managers ［J］. Academy of Management Review, 1984, 9 (2)：193-206.

［59］ HARMS R, ALFERT C, CHENG C F, et al. Effectuation and causation configurations for business model innovation：Addressing COVID-19 in the gastronomy industry ［J］. International Journal of Hospitality Management, 2021 (95)：8.

［60］ HOCK M, CLAUSS T, SCHULZ E. The impact of organizational culture on a firm's capability to innovate the business model ［J］. R & D Management, 2016, 46 (3)：433-450.

[61] HU R, WANG L, ZHANG W, et al. Creativity, proactive personality, and entrepreneurial intention: The role of entrepreneurial alertness [J]. Frontiers in Psychology, 2018 (9): 10.

[62] HYYTINEN A, PAJARINEN M, ROUVINEN P. Does innovativeness reduce startup survival rates? [J]. Journal of Business Venturing, 2015, 30 (4): 564-581.

[63] IM S, WORKMAN J P. Market orientation, creativity, and new product performance in high-technology firms [J]. Journal of Marketing, 2004, 68 (2): 114-132.

[64] JING F F, AVERY G C, BERGSTEINER H. Enhancing performance in small professional firms through vision communication and sharing [J]. Asia Pacific Journal of Management, 2014, 31 (2): 599-620.

[65] KANNADHASAN M, SINGH P, CHARAN P, et al. Personality characteristics and the process of start-up: The moderating role of institutional environment [J]. Decision, 2018, 45 (4): 287-300.

[66] KARIMI J, WALTER Z. Corporate entrepreneurship, disruptive business model innovation adoption, and its performance: The case of the newspaper industry [J]. Long Range Planning, 2016, 49 (3): 342-360.

[67] KEH H T, FOO M D, LIM B C. Opportunity evaluation under risky conditions: The cognitive processes of entrepreneurs [J]. Entrepreneurship: Theory & Practice, 2002, 27 (2): 125.

[68] KERR S P, KERR W R, XU T N. Personality traits of entrepreneurs: A review of recent literature [J]. Foundations and Trends in Entrepreneurship, 2018, 14 (3): 279-356.

[69] KHEDHAOURIA A, GURAU C, TORRES O. Creativity, self-efficacy, and small-firm performance: The mediating role of entrepreneurial orientation [J]. Small Business Economics, 2015, 44 (3): 485-504.

[70] KIM B J, PARK S, KIM T H. The effect of transformational leadership on team creativity: Sequential mediating effect of employee's psychological safety and creativity [J]. Asian Journal of Technology Innovation, 2019, 27 (1): 90-107.

[71] KO S, BUTLER J E. Creativity: A key link to entrepreneurial behavior [J]. Business Horizons, 2007, 50 (5): 365-372.

[72] KREMER H, VILLAMOR I, AGUINIS H. Innovation leadership: Best-

practice recommendations for promoting employee creativity, voice, and knowledge sharing [J]. Business Horizons, 2019, 62 (1): 65-74.

[73] LAGUIR I, DEN BESTEN M. The influence of entrepreneur's personal characteristics on mses growth through innovation [J]. Applied Economics, 2016, 48 (44): 4183-4200.

[74] LARWOOD L, FALBE C M, KRIGER M P, et al. Structure and meaning of organizational vision [J]. Academy of Management Journal, 1995, 38 (3): 740-769.

[75] LEANA C R, VAN BUREN H J. Organizational social capital and employment practices [J]. Academy of Management Review, 1999, 24 (3): 538-555.

[76] LEE D Y, TSANG E W K. The effects of entrepreneurial personality, background and network activities on venture growth [J]. Journal of Management Studies, 2001, 38 (4): 583-602.

[77] LEI S, QIN C J, ALI M, et al. The impact of authentic leadership on individual and team creativity: A multilevel perspective [J]. Leadership & Organization Development Journal, 2021, 42 (4): 644-662.

[78] LEPAK D P, SMITH K G, TAYLOR M S. Value creation and value capture: A multilevel perspective [J]. Academy of Management Review, 2007, 32 (1): 180-194.

[79] LI Y, LI B W, LU T H. Founders' creativity, business model innovation, and business growth [J]. Frontiers in Psychology, 2022 (13): 14.

[80] LI Y, SHAN B A, LI B W, et al. Literature review on the applications of machine learning and blockchain technology in smart healthcare industry: A bibliometric analysis [J]. Journal of Healthcare Engineering, 2021 (11).

[81] LIU D, FISHER G, CHEN G L. Ceo attributes and firm performance: A sequential mediation process model [J]. Academy of Management Annals, 2018, 12 (2): 789-816.

[82] LIU J Q, WANG Y F, ZHU Y. Climate for innovation and employee creativity an information processing perspective [J]. International Journal of Manpower, 2020, 41 (4): 341-356.

[83] LIU P, BELL R. Exploration of the initiation and process of business model innovation of successful chinese ict enterprises [J]. Journal of Entrepreneurship in Emerging Economies, 2019, 11 (4): 515-536.

[84] LOON M, OTAYE-EBEDE L, STEWART J.Thriving in the new normal：
The HR microfoundations of capabilities for business model innovation：
An integrated literature review [J]. Journal of Management Studies,
2020, 57 (3)：698-726.

[85] LUMPKIN G T, DESS G G.Linking two dimensions of entrepreneurial
orientation to firm performance：The moderating role of environment
and industry life cycle [J]. Journal of Business Venturing, 2001, 16
(5)：429.

[86] MAI N K, DO T T, PHAN N A.The impact of leadership traits and
organizational learning on business innovation [J]. Journal of Innovation &
Knowledge, 2022, 7 (3)：9.

[87] MAKRI M, SCANDURA T A.Exploring the effects of creative CEO
leadership on innovation in high-technology firms [J]. Leadership
Quarterly, 2010, 21 (1)：75-88.

[88] MAO J Y, SU F, WANG B, et al.Responding in kind：How do incumbent
firms swiftly deal with disruptive business model innovation? [J]. Journal
of Engineering and Technology Management, 2020 (57)：14.

[89] MCCLELLAND D, C.Nachievement and entrepreneurship [J]. Journal
of Personality and Social Psychology, 1965, 1 (4)：389-392.

[90] MCGRATH R G.Business models：A discovery driven approach [J].
Long Range Planning, 2010, 43 (2-3)：247-261.

[91] MORRIS M, SCHINDEHUTTE M, ALLEN J.The entrepreneur's
business model：Toward a unified perspective [J]. Journal of Business
Research, 2005, 58 (6)：726-735.

[92] MULLER J M, BULIGA O, VOIGT K I.The role of absorptive capacity
and innovation strategy in the design of Industry 4.0 business models-a
comparison between smes and large enterprises [J]. European
Management Journal, 2021, 39 (3)：333-343.

[93] O'REILLY C A, CALDWELL D F, CHATMAN J A, et al.The promise
and problems of organizational culture：CEO personality, culture, and
firm performance [J]. Group & Organization Management, 2014, 39
(6)：595-625.

[94] OSIYEVSKYY O, DEWALD J.Explorative versus exploitative business
model change：The cognitive antecedents of firm-level responses to
disruptive innovation [J]. Strategic Entrepreneurship Journal, 2015, 9

(1): 58-78.

[95] OSTERWALDER A, PIGNEUR Y. Clarifying business models: Origins, present, and future of the concept [J]. Communications of the Association for Information Systems, 2005 (16): 1-25.

[96] PAIOLA M, GEBAUER H. Internet of things technologies, digital servitization and business model innovation in btob manufacturing firms [J]. Industrial Marketing Management, 2020 (89): 245-264.

[97] PALMER C, NIEMAND T, STOCKMANN C, et al. The interplay of entrepreneurial orientation and psychological traits in explaining firm performance [J]. Journal of Business Research, 2019 (94): 183-194.

[98] PARIDA V, SJODIN D, REIM W. Reviewing literature on digitalization, business model innovation, and sustainable industry: Past achievements and future promises [J]. Sustainability, 2019, 11 (2): 18.

[99] PELJKO Z, ANTONCIC J A. Impacts of entrepreneurial openness and creativity on company growth [J]. Frontiers in Psychology, 2022 (13): 14.

[100] PEREZ-LUNO A, WIKLUND J, CABRERA R V. The dual nature of innovative activity: How entrepreneurial orientation influences innovation generation and adoption [J]. Journal of Business Venturing, 2011, 26 (5): 555-571.

[101] PERRY-SMITH J E. Social yet creative: The role of social relationships in facilitating individual creativity [J]. Academy of Management Journal, 2006, 49 (1): 85-101.

[102] PERVIN L A. Personality: A view of the future based on a look at the past [J]. Journal of Research in Personality, 1996, 30 (3): 309-318.

[103] PITTINO D, VISINTIN F, LAUTO G. A configurational analysis of the antecedents of entrepreneurial orientation [J]. European Management Journal, 2017, 35 (2): 224-237.

[104] PODSAKOFF P M, MACKENZIE S B, MOORMAN R H, et al. Transformational leader behaviors and their effects on followers's trust in leader, satisfaction, and organizational citizenship behaviors [J]. The Leadership Quarterly, 1990, 1 (2): 107-142.

[105] POLITIS D. The process of entrepreneurial learning: A conceptual framework [J]. Entrepreneurship Theory and Practice, 2005, 29 (4): 399-424.

[106] PRIEM R L, LI S L, CARR J C. Insights and new directions from demand-side approaches to technology innovation, entrepreneurship, and strategic management research [J]. Journal of Management, 2012, 38 (1): 346-374.

[107] RAUCH A, FRESE M. Let's put the person back into entrepreneurship research: A meta-analysis on the relationship between business owners's personality traits, business creation, and success [J]. European Journal of Work and Organizational Psychology, 2007, 16 (4): 353-385.

[108] REMANE G, SCHNEIDER S, HANELT A. Digital business model types: Understanding their mechanisms as recipes to commercialise digital technologies [J]. International Journal of Innovation Management, 2022, 26 (3): 27.

[109] RUNST P, THOMA J. Does personality matter? Small business owners and modes of innovation [J]. Small Business Economics, 2022, 58 (4): 2235-2260.

[110] SADIQ F, HUSSAIN T, NASEEM A, et al. The pursuit of disruptive innovations by middle managers: Effects of the firm's customer orientation and mastery achievement goals [J]. Review of Managerial Science, 2022, 16 (2): 551-581.

[111] SAEBI T, FOSS N J. Business models for open innovation: Matching heterogeneous open innovation strategies with business model dimensions [J]. European Management Journal, 2015, 33 (3): 201-213.

[112] SAGIE A, ELIZUR D. Achievement motive and entrepreneurial orientation: A structural analysis [J]. Journal of Organizational Behavior, 1999, 20 (3): 375-387.

[113] SHAMIR B, HOUSE R J, ARTHUR M B. The motivational effects of charismatic leadership: A self-concept based theory [J]. Monographs in Leadership and Management, 2018 (9): 9-29.

[114] SHANE S, NICOLAOU N. Creative personality, opportunity recognition and the tendency to start businesses: A study of their genetic predispositions [J]. Journal of Business Venturing, 2015, 30 (3): 407-419.

[115] SIJABAT E A S, NIMRAN U, UTAMI H N, et al. The effects of dynamic

capabilities, entrepreneurial creativity and ambidextrous innovation on firm's competitiveness [J]. Journal of Asian Finance Economics and Business, 2021, 8 (1): 711-721.

[116] SJODIN D, PARIDA V, JOVANOVIC M, et al. Value creation and value capture alignment in business model innovation: A process view on outcome-based business models [J]. Journal of Product Innovation Management, 2020, 37 (2): 158-183.

[117] SNIHUR Y, ZOTT C, AMIT R. Managing the value appropriation dilemma in business model innovation [J]. Strategy Science, 2021, 6 (1): 22-38.

[118] STEWART W H, WATSON W E, CARLAND J C, et al. A proclivity for entrepreneurship: A comparison of entrepreneurs, small business owners, and corporate managers [J]. Journal of Business Venturing, 1999, 14 (2): 189-214.

[119] SU Z F, YANG J J, WANG Q. The effects of top management team heterogeneity and shared vision on entrepreneurial bricolage in new ventures: An attention-based view [J]. Ieee Transactions on Engineering Management, 2022, 69 (4): 1262-1275.

[120] SUH T, KHAN O J, SCHNELLBACHER B, et al. Strategic accord and tension for business model innovation: Examining different tacit knowledge types and open action strategies [J]. International Journal of Innovation Management, 2020, 24 (4): 29.

[121] TANG Y, LI J T, LIU Y. Does founder ceo status affect firm risk taking? [J]. Journal of Leadership & Organizational Studies, 2016, 23 (3): 322-334.

[122] TEECE D J. Business models, business strategy and innovation [J]. Long Range Planning, 2010, 43 (2-3): 172-194.

[123] TU C, YANG S. The role of entrepreneurial creativity in entrepreneurial processes [J]. International Journal of Innovation, Management and Technology, 2013, 4 (2): 286.

[124] VALAEI N, REZAEI S, BRESSOLLES G, et al. Indispensable components of creativity, innovation, and fmcg companies' competitive performance: A resource-based view (rbv) of the firm [J]. Asia-Pacific Journal of Business Administration, 2022, 14 (1): 1-26.

[125] VELU C. Business model innovation and third-party alliance on the

survival of new firms [J]. Technovation, 2015 (35): 1-11.

[126] VON DEN DRIESCH T, EVA SUSANNE DA COSTA M, CHRISTINA FLATTEN T, et al. How CEO experience, personality, and network affect firms´ dynamic capabilities [J]. European Management Journal, 2015, 33 (4): 245-256.

[127] WAHYONO W. Business model innovation: A review and research agenda [J]. Journal of Indian Business Research, 2018, 11 (4): 348-369.

[128] WANG C J, TSAI C Y. Managing innovation and creativity in organizations: An empirical study of service industries in taiwan [J]. Service Business, 2014, 8 (2): 313-335.

[129] WEST M A.Sparkling fountains or stagnant ponds: An integrative model of creativity and innovation implementation in work groups [J]. Applied Psychology-an International Review-Psychologie Appliquee-Revue Internationale, 2002, 51 (3): 355-387.

[130] WU X B, MA R F, SHI Y J.How do latecomer firms capture value from disruptive technologies? A secondary business-model innovation perspective [J]. Ieee Transactions on Engineering Management, 2010, 57 (1): 51-62.

[131] XU Q, YU J H, XU J X, et al.How business model innovation overcomes barriers during manufacturers's servitization Transformation: A case study of two top piano manufacturers in China [J]. Asia Pacific Business Review, 2021, 27 (3): 378-404.

[132] YANG M, EVANS S, VLADIMIROVA D, et al. Value uncaptured perspective for sustainable business model innovation [J]. Journal of Cleaner Production, 2017 (140): 1794-1804.

[133] YUAN F R, WOODMAN R W. Innovative behavior in the workplace: The role of performance and image outcome expectations [J]. Academy of Management Journal, 2010, 53 (2): 323-342.

[134] ZHANG H Y, OU A Y, TSUI A S, et al.CEO humility, narcissism and firm innovation: A paradox perspective on CEO traits [J]. Leadership Quarterly, 2017, 28 (5): 585-604.

[135] ZHAO H, SEIBERT S E. The big five personality dimensions and entrepreneurial status: A meta-analytical review [J]. The Journal of applied psychology, 2006, 91 (2): 259-271.

[136] ZHAO W H, YANG T, HUGHES K D, et al. Entrepreneurial alertness and business model innovation: The role of entrepreneurial learning and risk perception [J]. International Entrepreneurship and Management Journal, 2021, 17 (2): 839-864.

[137] ZHENG L J, XIONG C, CHEN X H, et al. Product innovation in entrepreneurial firms: How business model design influences disruptive and adoptive innovation [J]. Technological Forecasting and Social Change, 2021 (170): 12.

[138] ZHOU W C, YANG X, LI Y Q, et al. Pattern versus level: A new look at the personality-entrepreneurship relationship [J]. International Journal of Entrepreneurial Behaviour & Research, 2019, 25 (1): 150-168.

[139] ZHU F W, SUN S G, SUN M X. Influence of entrepreneurs' personality and personal characteristics on new venture performance: A fuzzy-set qualitative comparative analysis [J]. Social Behavior and Personality, 2020, 48 (12): 13.

[140] ZOTT C, AMIT R. Business model design and the performance of entrepreneurial firms [J]. Organization Science, 2007, 18 (2): 181-199.

[141] ZOTT C, AMIT R. The business model: A theoretically anchored robust construct for strategic analysis [J]. Strategic Organization, 2013, 11 (4): 403-411.

[142] ZOTT C, AMIT R, MASSA L. The business model: Recent developments and future research [J]. Journal of Management, 2011, 37 (4): 1019-1042.

[143] 常涛, 裴飞霞. 团队地位差异性与团队创造力的倒 U 型关系: 任务特征的调节作用 [J]. 科技进步与对策, 2022, 39 (7): 132-141.

[144] 陈春花. 数字化时代的三个特征 [J]. 中国企业家, 2017 (24): 104-105.

[145] 陈金亮, 林嵩, 刘小元, 等. 企业家社会团体纽带与新创企业成长——信息处理观权变视角的探究 [J]. 管理评论, 2019, 31 (5): 175-190.

[146] 陈宇, 郝生宾. 数字化情境下创业导向和网络导向对新创企业成长的影响 [J]. 系统管理学报, 2022, 31 (4): 709-721.

[147] 池军. 重新审视特质论、认知论及有效导向理性工具对创业者及创业过程的作用 [J]. 现代财经 (天津财经大学学报), 2010, 30 (10): 69-75.

[148] 池仁勇, 潘李鹏. 知识产权能力构成、内外影响因素与企业成长——内力驱动, 还是外部推进? [J]. 科学学研究, 2016, 34 (1): 81-88.

[149] 迟考勋，邵月婷．商业模式创新、资源整合与新创企业绩效 [J]．外国经济与管理，2020，42（3）：3-16.

[150] 单标安，李扬，马婧，等．基于共享愿景调节效应的高管创造力与商业模式创新的关系研究 [J]．管理学报，2020，17（5）：697-703.

[151] 单标安，鲁喜凤，郭海，等．创始人的人格特质对科技型新企业成长的影响研究 [J]．管理学报，2018，15（5）：687-694.

[152] 丁小洲，郭韬，曾经纬．创业者人格特质对创业企业商业模式创新的影响研究 [J]．管理学报，2023，20（2）：240-248.

[153] 董保宝，尹璐，许杭军．探索式创新与新创企业绩效：基于多层级网络结构的交互效应研究 [J]．南方经济，2017，330（3）：42-56.

[154] 董钏．新创企业数字能力对商业模式创新的影响研究 [D]．长春：吉林大学，2021.

[155] 龚光明，曾照存．公司特有风险、管理者风险特质与企业投资效率——来自中国上市公司的经验数据 [J]．经济与管理研究，2013（11）：67-75.

[156] 韩炜，高宇．什么样的高管团队能够做出商业模式创新？[J]．外国经济与管理，2022，44（3）：136-152.

[157] 胡贝贝，张秀峰，杨斌．创新型创业人才的基础素质与专业能力研究 [J]．科学学研究，2020，38（12）：2228-2235；2245.

[158] 胡望斌，张玉利，牛芳．我国新企业创业导向、动态能力与企业成长关系实证研究 [J]．中国软科学，2009（4）：107-118.

[159] 黄谦明．论商业模式创新与企业家精神——基于资源基础观的分析框架 [J]．改革与战略，2009，25（8）：163-165.

[160] 贾迎亚，相佩蓉，于晓宇．CEO多元化职能经历对创业企业可持续性的影响机理——基于高阶理论的被调节的中介模型 [J]．研究与发展管理，2021，33（4）：82-96.

[161] 江旭，姜飞飞．不确定性、联盟风险管理与合作绩效满意度 [J]．管理工程学报，2015，29（3）：180-190.

[162] 蒋春燕．高管团队要素对公司企业家精神的影响机制研究 [J]．南开管理评论，2011，14（3）：72-84.

[163] 李怀祖．决策理论导引 [M]．北京：机械工业出版社，1993.

[164] 李林木，汪冲．税费负担、创新能力与企业升级——来自"新三板"挂牌公司的经验证据 [J]．经济研究，2017，52（11）：119-134.

[165] 李林蔚，蔡虹，郑志清．战略联盟中的知识转移过程研究：共享愿景的调节效应 [J]．科学学与科学技术管理，2014，35（8）：29-38.

[166] 李巍，许晖．管理者特质与民营企业出口绩效 [J]．管理科学，2013，26

（2）：40-50.

[167] 李巍，许晖. 企业家特质、能力升级与国际新创企业成长 [J]. 管理学报，2016，13（5）：715-724.

[168] 梁巧转，孟瑶，李树祥，等. 关于中国管理者特质十年（1998~2008 年）变化的研究 [J]. 管理学报，2013，10（3）：796~801.

[169] 刘刚. 创业企业商业模式的多层次结构创新——基于战略创业的欧宝聚合物案例分析 [J]. 中国工业经济，2018，368（11）：174-192.

[170] 刘贵文，李凯健，张应珍，等. 技术变革背景下在位企业资源基础与商业模式创新：二元动态能力的中介作用 [J]. 管理评论，2019，31（7）：252-263.

[171] 刘华，杨汉明. 风险承担与创新绩效——基于股权激励调节作用的考察 [J]. 现代财经（天津财经大学学报），2018，38（1）：98-113.

[172] 刘敬伟，张同健，林昭文. 互惠性环境下研发型团队技术创新能力形成的经验性研究 [J]. 科学学研究，2009，27（7）：1093-1100.

[173] 刘述意. 试论企业家的特质和社会功能 [J]. 中国工业经济，1988（4）：42-48.

[174] 刘雅，姜飞飞，李腾飞. 战略联盟中的关系风险与绩效风险——环境及组织间要素的影响 [J]. 科技管理研究，2014，34（16）：205-215.

[175] 龙海军，田丽芳. 创业者先前经验、资源拼凑与返乡新创企业成长——基于"乡村振兴大调查"数据 [J]. 调研世界，2022（12）：42-49.

[176] 罗明忠，陈明. 人格特质、创业学习与农民创业绩效 [J]. 中国农村经济，2014，358（10）：62-75.

[177] 罗作汉，唐英瑜. 新创企业的商业模式创新研究综述与展望——一个整合性分析框架 [J]. 科技管理研究，2019，39（2）：209-216.

[178] 马鸿佳，吴娟，郭海，等. 创业领域即兴行为研究：前因、结果及边界条件 [J]. 管理世界，2021，37（5）：211-229；15.

[179] 马鸿佳，吴娟，唐思思. 新创企业的即兴行为如何转化为惯例：创业学习与交互记忆系统的作用研究 [J]. 南方经济，2020（9）：69-85.

[180] 孟慧，Saul Fine，Gerald Feldman，等. 情绪稳定和言语推理能力对就业型创业者胜任水平的影响 [J]. 心理研究，2009，2（2）：51-55.

[181] 齐秀辉，王毅丰，孙政凌. 双元创新、企业家冒险倾向与企业绩效研究 [J]. 科技进步与对策，2020，37（16）：104-110.

[182] 沈鹤，余传鹏，张振刚. 科技型小微企业管理创新引进机理研究——基于获得式学习视角 [J]. 科学学研究，2018，36（5）：884-892.

[183] 盛明泉，伍岳. 高管年龄、风险承担与企业绩效 [J]. 重庆科技学院学报

（社会科学版），2017（5）：25-29.

[184] 孙丽秀，赵曙明．CEO冒险倾向对公司创业的影响：一个被调节的中介模型[J]．科学学与科学技术管理，2019，40（6）：107-124.

[185] 田莉，龙丹．创业过程中先前经验的作用解析——最新研究成果评述[J]．经济理论与经济管理，2009，227（11）：41-45.

[186] 魏炜，胡勇，朱武祥．变革性高速成长公司的商业模式创新奇迹——一个多案例研究的发现[J]．管理评论，2015，27（7）：218-231.

[187] 汪金爱，宗芳宇．国外高阶梯队理论研究新进展：揭开人口学背景黑箱[J]．管理学报，2011，8（8）：1247-1255.

[188] 汪丽．企业共享愿景与战略决策质量关系的实证研究[J]．科学学与科学技术管理，2006（10）：99-102.

[189] 汪少华，佳蕾．新创企业及浙江新创企业的创业基础与成长特征[J]．南开管理评论，2003（6）：18-21.

[190] 王传征，葛玉辉．高管团队内部社会资本、交互记忆系统与决策绩效的关系[J]．系统管理学报，2021，30（2）：384-392.

[191] 王进猛，徐玉华，易志高．文化距离损害了外资企业绩效吗[J]．财贸经济，2020，41（2）：115-131.

[192] 王军．基于创业者特征视角的新创企业成长的影响机理研究[D]．长春：吉林大学，2020.

[193] 王石磊，王飞，彭新敏．深陷"盘丝洞"：网络关系嵌入过度与中小企业技术创新[J]．科研管理，2021，42（5）：116-123.

[194] 王素莲，赵弈超．R&D投资、企业家冒险倾向与企业创新绩效——基于不同产权性质上市公司的实证研究[J]．经济与管理，2018，35（6）：45-50.

[195] 王素莲．R&D投资与企业创新绩效：企业家冒险倾向和学历水平的影响——基于深沪中小板上市公司的实证研究[J]．东岳论丛，2018，39（4）：50-60.

[196] 王天东．积极领导力对新企业团队创造力的影响研究[D]．长春：吉林大学，2020.

[197] 王馨博，高良谋．互联网嵌入下的组织韧性对新创企业成长的影响[J]．财经问题研究，2021（8）：121-128.

[198] 邬爱其．超集群学习与集群企业转型成长——基于浙江卡森的案例研究[J]．管理世界，2009（8）：141-156.

[199] 吴言波，邵云飞，殷俊杰．战略联盟双元性对合作创新绩效的影响：一个有调节的中介效应[J]．科技进步与对策，2021，38（2）：1-10.

[200] 夏清华，贾康田，冯颐．创业机会如何影响企业绩效——基于商业模式创新和环境不确定性的中介与调节作用 [J]．学习与实践，2016 (11)：39-49.

[201] 夏清华，娄汇阳．基于商业模式刚性的商业模式创新仿真——传统企业与互联网企业比较 [J]．系统工程理论与实践，2018，38 (11)：2776-2792.

[202] 辛冲，陈海峰，陈新，等．领导者过度自信与新产品开发绩效：资源投入视角 [J]．管理科学，2020，33 (3)：16-26.

[203] 徐振亭，李鲜苗，罗瑾琏，等．舍己为公打破沉默：自我牺牲型领导对员工建言行为的跨层次影响研究 [J]．科学学与科学技术管理，2019，40 (8)：141-157.

[204] 薛鸿博，杨俊，迟考勋．创业者先前行业工作经验对新创企业商业模式创新的影响研究 [J]．管理学报，2019，16 (11)：1661-1669.

[205] 杨俊，迟考勋，薛鸿博，等．先前图式、意义建构与商业模式设计 [J]．管理学报，2016，13 (8)：1199-1207.

[206] 杨俊，张玉利，韩炜，等．高管团队能通过商业模式创新塑造新企业竞争优势吗？——基于 CPSED Ⅱ 数据库的实证研究 [J]．管理世界，2020，36 (7)：55-77；88.

[207] 杨俊，张玉利，杨晓非，等．关系强度、关系资源与新企业绩效——基于行为视角的实证研究 [J]．南开管理评论，2009，12 (4)：44-54.

[208] 易靖韬，张修平，王化成．企业异质性、高管过度自信与企业创新绩效 [J]．南开管理评论理，2015 (6)：101-112.

[209] 张洪金，胡珑瑛，谷彦章．用户体验、创业者特质与公司创业机会识别——基于京东公司的探索性案例研究 [J]．管理评论，2021，33 (7)：337-352.

[210] 张梦桃，张生太．关系网络对组织韧性的影响——双元创新的中介作用 [J]．科研管理，2022，43 (7)：163-170.

[211] 张素雅，顾建平．共享愿景能提高员工的创造力吗 [J]．贵州财经大学学报，2016 (1)：70-78.

[212] 张秀娥，孟乔，张坤．创业者特质对企业创新的影响：规制的调节作用 [J]．科技进步与对策，2021，38 (2)：95-102.

[213] 张秀娥，王超．成就需要对创业意向的影响——风险倾向和创业警觉性的双重中介作用 [J]．软科学，2019，33 (7)：34-39.

[214] 张秀娥，徐雪娇．创业学习对新创企业成长的影响机制研究 [J]．管理科学，2019，32 (6)：86-97.

[215] 张秀娥. 创业者社会网络对新创企业绩效的影响机制 [J]. 社会科学家，2014 (3): 12-17.

[216] 张振刚，张易，李云健，等. 管理创新、共享愿景与市场绩效关系研究 [J]. 科技进步与对策，2016, 33 (4): 1-6.

[217] 赵奇锋，赵文哲，卢荻，等. 博彩与企业创新：基于文化视角的研究 [J]. 财贸经济，2018, 39 (9): 122-140.

[218] 钟熙，陈伟宏，宋铁波，等. CEO过度自信、管理自主权与企业国际化进程 [J]. 科学学与科学技术管理，2018, 39 (11): 85-100.

[219] 朱仁宏，周琦，张书军. 创业团队关系治理与新创企业绩效倒U型关系及敌对环境的调节作用 [J]. 南开管理评论，2020, 23 (5): 202-212.

索引